Merton-Lesungen an der
Johann Wolfgang Goethe-Universität
Frankfurt am Main

Nicholas Kaldor

Grenzen der 'General Theory'

1. Merton-Lesung an der
Johann Wolfgang Goethe-Universität
Frankfurt am Main, mit den
Eröffnungsreden von Hartwig Kelm,
Karl Gustaf Ratjen, Bertram Schefold
und Hanns Schroeder-Hohenwarth

Herausgegeben von Bertram Schefold

Springer-Verlag
Berlin Heidelberg New York Tokyo 1983

Prof. Lord Nicholas Kaldor
Fellow, King's College, Cambridge/England

Prof. Dr. Bertram Schefold
Fachbereich Wirtschaftswissenschaften,
Johann Wolfgang Goethe-Universität, Mertonstraße 17-25
6000 Frankfurt a. M.

ISBN 3-540-12933-2 Springer-Verlag Berlin Heidelberg New York Tokyo
ISBN 0-387-12933-2 Springer-Verlag New York Heidelberg Berlin Tokyo

CIP-Kurztitelaufnahme der Deutschen Bibliothek
Kaldor, Nicholas:
Grenzen der "general theory": 1. Merton-Lesung an d. Johann-Wolfgang-Goethe-Univ.
Frankfurt am Main/N. Kaldor. Mit d. Eröffnungsreden von Hartwig Kelm ... Hrsg. von Bertram
Schefold. – Berlin; Heidelberg; New York; Tokyo: Springer, 1983.
(Merton-Lesungen an der Johann-Wolfgang-Goethe-Universität Frankfurt am Main)
ISBN 3-540-12933-2 (Berlin, Heidelberg, New York, Tokyo)
ISBN 0-387-12933-2 (New York, Heidelberg, Berlin, Tokyo)

Das Werk ist urheberrechtlich geschützt. Die dadurch begründeten Rechte, insbesondere die
der Übersetzung, des Nachdruckes, der Entnahme von Abbildungen, der Funksendung, der
Wiedergabe auf photomechanischem oder ähnlichem Wege und der Speicherung in Daten-
verarbeitungsanlagen bleiben, auch bei nur auszugsweiser Verwertung, vorbehalten. Die
Vergütungsansprüche des § 54, Abs. 2 UrhG werden durch die „Verwertungsgesellschaft
Wort", München, wahrgenommen.

© Springer-Verlag Berlin Heidelberg 1983
Printed in Germany

Druck- und Bindearbeiten: Weihert-Druck GmbH, Darmstadt
2142/3140 – 543210

Vorwort

Am 24./25. Juni 1982 wurde die Reihe der Merton-Lesungen an der Johann Wolfgang Goethe-Universität in Frankfurt am Main eröffnet. Sie sind benannt nach Wilhelm Merton, der 1881 die Metallgesellschaft AG, heute ein weltweites Unternehmen, begründete und zur Größe emporführte. Seine Stiftungen für die Universität und für die ihr vorangehenden Institute, namentlich für die Handelsakademie, stellten einen der wichtigsten einzelnen Beiträge zur Gründung der Stiftungsuniversität und späteren Johann Wolfgang Goethe-Universität Frankfurt am Main dar.

Der Fachbereich Wirtschaftswissenschaften schätzt sich glücklich, daß Nicholas Kaldor sich zur Eröffnung der Reihe der Merton-Lesungen zur Verfügung stellte. Professor Lord Kaldor, geboren am 12. Mai 1908, wuchs auf in Budapest. Er studierte 1925-1926 in Berlin und 1927-1930 an der London School of Economics. Er schloß dort mit Auszeichnung ab und wurde Lecturer und Reader. Nach zwei Jahren als Forschungsdirektor bei der Ökonomischen Kommission für Europa in Genf lehrte er (seit 1949) an der Universität Cambridge als Fellow des King's College, Lecturer und später als Professor. Vielfältige Ehrungen bestätigen seinen Rang als einer der originellsten theoretischen Ökonomen unserer Zeit in der keynesianischen Tradition. Er hat zahlreiche bahnbrechende Arbeiten auf dem Gebiet der Wirtschaftstheorie verfaßt, unter denen seine Beiträge zur Steuerlehre und zur Verteilungstheorie wohl am bekanntesten sind. Als Berater und Gutachter für die Regierung Großbritanniens und einer Reihe anderer Länder entfaltete er eine vielbeachtete wirtschaftspolitische Tätigkeit.

Die Erschütterung der vorher so stabilen wirtschaftlichen Verhältnisse der Bundesrepublik Deutschland in der Folge einer weltweiten Rezession hat auch hier zunächst zu einer Wiederbelebung des Interesses an Keynes' "General Theory of Employment, Interest and Money" (Allgemeine Theorie der Beschäftigung, des Zinses und des Geldes) geführt. Dem Optimismus der Globalsteuerung folgten später auf der einen Seite eine wirtschaftspolitische Resignation, auf der anderen aber die Bemühungen um eine Neueinschätzung der theoretischen Begründbarkeit und der Durchsetzbarkeit makroökonomischer Stabilisierungspolitik. Diese dürften durch Kaldors Reflexionen über die Keynes'sche Theorie eine wesentliche Vertiefung erfahren, denn unter den Postkeynesianern, die noch in unmittelbarer Berührung mit Keynes standen und sein Werk in der Nachkriegszeit weiterentwickelt hatten, ist Kaldor unzweifelhaft einer der bedeutendsten. In den beiden hier abgedruckten Vorlesungen führt er das Ungenügen der keynesianischen Politik der Nachfragesteuerung auf Inkonsequenzen bei Keynes selbst, mehr aber noch auf die Mängel der Keynes-Rezeption zurück, die es versäumt habe, die tieferen Gegensätze zwischen Keynes und den Neoklassikern herauszuarbeiten.

Die von B. Fleischmann übersetzten Vorlesungen Lord Kaldors sind vom Autor und vom Herausgeber durchgesehen worden. Allen am Gelingen dieses Buches Beteiligten, besonders aber Lord Kaldor und den Stiftern der Vorlesungsreihe, danke ich herzlich.

Bertram Schefold

Zur Eröffnung sprachen

1. Der Präsident der J.W. Goethe-Universität
   PROFESSOR DR. HARTWIG KELM

2. Der Vorsitzende des Vorstandes der Metallgesellschaft AG,
   Ehrensenator
   KARL GUSTAF RATJEN

3. Der Vorsitzende des Vorstandes der Vereinigung von
   Freunden und Förderern der Johann Wolfgang Goethe-
   Universität
   DR. HANNS SCHROEDER-HOHENWARTH

4. Der Dekan des Fachbereiches Wirtschaftswissenschaften
   der J.W. Goethe-Universität
   PROFESSOR DR. BERTRAM SCHEFOLD

Die Eröffnungsreden sind im vorliegenden Band abgedruckt.

Inhaltsverzeichnis

Eröffnungsreden 1
    Hartwig Kelm 1
    Karl Gustaf Ratjen 4
    Hanns Schroeder-Hohenwarth 10
    Bertram Schefold 13

Grenzen der 'General Theory' 17
    Erste Vorlesung 18
    Zweite Vorlesung 36

Eröffnungsreden

Hartwig Kelm

Präsident der Johann Wolfgang Goethe-Universität

Meine sehr verehrten Damen, meine Herren,

als Hausherr möchte ich Sie im Namen der Johann Wolfgang Goethe-Universität zur Eröffnung der Merton Lesungen herzlich begrüßen und willkommen heißen. Gleichzeitig möchte ich meine große Freude darüber zum Ausdruck bringen, daß diese neue Vorlesungsreihe über allgemeininteressierende Themen aus dem Gebiet der Wirtschafts- und Sozialwissenschaften zustande gekommen ist.

Die materiellen Voraussetzungen für die Vorlesungsreihe, in deren Rahmen jährlich ein oder zwei namhafte Wissenschaftler oder Praktiker zu Vorträgen und Seminaren nach Frankfurt eingeladen werden sollen, hat die Metallgesellschaft durch eine großzügige Stiftung geschaffen. Ich danke daher Ihnen, Herr Senator Ratjen, und Ihren Kollegen vom Vorstandsgremium der Metallgesellschaft besonders herzlich, daß Sie seinerzeit meine Anregung zur Einrichtung einer Vorlesungsreihe aufgegriffen und anläßlich der Einhundertjahrfeier Ihres Unternehmens in die Tat umgesetzt haben. Daß die Vorlesungsreihe den Namen des Gründers der Metallgesellschaft und Mitbegründers der Universität tragen sollte, war eigentlich schon sehr früh zwischen uns vereinbart worden. Sie, sehr geehrter Herr Ratjen, und der Dekan des Fachbereichs Wirtschaftswissenschaften unserer Universität, Herr Professor Schefold, werden auf diesen Zusammenhang noch eingehen und sicherlich das große Engagement Wilhelm Mertons als Förderer sozialer und wissenschaftlicher Einrichtungen seiner Zeit herausstellen.

Ich freue mich auch darüber, daß diese Stiftung in das Programm der Vereinigung von Freunden und Förderern der Johann Wolfgang Goethe-Universität aufgenommen wurde, worüber Sie, sehr geehrter Herr Dr. Schroeder-Hohenwarth, uns gleich noch einige Erläuterungen geben wollen.

Dem ersten Vortragenden in dieser Vorlesungsreihe, Herrn Professor Lord Kaldor, danke ich sehr, daß er die Einladung, zu uns zu sprechen, angenommen hat.

Dieser Dank gebührt Ihnen in besonderem Maße, Lord Kaldor, der Sie mit einem scheinbar nie endenden Ideenreichtum zum einen zur Erneuerung einer Vielzahl ökonomischer Theorien entscheidend beigetragen und zum anderen durch die Vielfältigkeit Ihrer Erkenntnisse eine auf Jahre hinaus reiche Quelle für weitere Forschungen bereitgestellt haben.

Doch, und das möchte ich gerade an dieser Stelle besonders betonen, beschränken Sie sich bei Ihren Arbeiten nicht nur auf die Gewinnung theoretischer Erkenntnisse, sondern Ihre Anstrengungen galten gleichermaßen auch der Orientierung an konkreten Situationen und der Umsetzung der Forschungsergebnisse auf die ökonomische Wirklichkeit. Dieser Forderung nach Transformation anspruchsvoller theoretischer Erkenntnisse auf die wirtschaftspolitische Realität haben Sie wie kaum ein zweiter genügt und sind dabei auch nicht vor unpopulären Maßnahmen zurückgeschreckt. Ihre Kritik an der Theorie von Keynes, die Sie heute behandeln werden, entspringt dem Bedürfnis, sie der wirtschaftlichen Entwicklung und den wirtschaftspolitischen Erfordernissen anzupassen.

Meine sehr verehrten Damen, meine Herren, die Stifter, die Vereinigung von Freunden und Förderern und vor allem die Universität hoffen, daß mit der neuen Vorlesungsreihe eine Veranstaltungsserie beginnt, zu der möglichst viele interessierte Bürger der Stadt Frankfurt zu uns in die Universität kommen werden und damit den Kontakt zur Universität vertiefen werden. Sicherlich werden die Hörer der Merton Lesungen zum größten Teil andere sein als die Besucher der erfolgreichen Poetik Vorlesungen. Ein wenig wunschträumend kann ich mir aber bereits jetzt ein oder zwei weitere Vorlesungsreihen über andere Gebiete vorstellen, die dann das bisherige Angebot ergänzen werden. Mit solchen und anderen Einrichtungen hoffen wir, den Mitbürgern Frankfurts Themen aus dem weiten Spektrum der an dieser Universität betriebenen Wissenschaften nahe zu bringen.

In diesem Sinne wünsche ich den Merton Lesungen viel Erfolg.

Karl Gustaf Ratjen

Vorsitzender des Vorstandes der Metallgesellschaft AG

Die Frankfurter Metallgesellschaft und die Universität Frankfurt, zwei Institutionen, die ihre Existenz der gründenden Energie und dem Weitblick des gleichen Mannes verdanken, sind anläßlich der Hundertjahrfeier des Unternehmens übereingekommen, eine Vorlesungsreihe ins Leben zu rufen, die den Namen dieses Mannes, Wilhelm Merton, trägt. Sie soll im Sinne seines Wirkens durch Thematik und Gestaltung zu einer engeren geistigen Verbindung zwischen den Welten der Wirtschaft und der Wissenschaft beitragen, einer Verbindung, deren Pflege uns heute weit über den Rahmen einer akademischen Veranstaltung hinaus ebenso aktuell und dringend geboten scheint, wie sie damals von Wilhelm Merton als Lebensaufgabe erkannt und mit unermüdlichem intellektuellem und materiellem Engagement angegriffen wurde.

Gemessen an der auch für damalige Verhältnisse ungewöhnlich großherzigen Stiftungsleistung des Frankfurter Bürgers Wilhelm Merton - in der Veranlagungsperiode von 1908 bis 1910 beherbergte die Stadt Frankfurt nicht weniger als 559 Millionäre in ihren Mauern, von denen die Hälfte ein steuerpflichtiges Jahreseinkommen von über 100.000 Reichsmark angab - mag im Jahre 1982 die Einrichtung einer Vorlesungsreihe als eine eher bescheidene Geste empfunden werden. Sie bezeugt jedoch in dem uns gegebenen Rahmen eine Verpflichtung, zu der sich unser Haus gegenüber dem bis in die heutige Zeit spürbaren, prägenden Einfluß dieses unvergeßlichen Mannes bekennt.

* *

Wenn wir dem Unternehmen, das mit dieser Veranstaltung seinen Anfang nimmt, etwas von dem Geist Mertons mit auf den Weg geben wollen, kommen uns die Erinnerungen eines der vielen Professoren aus dem Stab von Wissenschaftlern, die er in seinen Instituten um sich versammelte, in den Sinn. Sie galten dem Dank, den die Akademie für Handelswissenschaften und später die Universität Merton schuldete, und - so ausdrücklich erwähnt - "auch bei ihren öffentlichen Feiern."

Da heißt es:
"Immer wenn solcher Dank anstand, war eines sicher, daß nämlich Merton selbst nicht zur Feier erschien. Er wünschte nicht genannt zu werden und verstand es, bei Ehrungen nicht anwesend zu sein."
Viele seiner Stiftungen verbarg er unter der Anonymität seiner Institute. Vermutlich hätte auch die Ehrung durch eine nach ihm benannte akademische Vorlesungsreihe nicht mit seiner ungeteilten Zustimmung rechnen können.
Die Zurückhaltung hinsichtlich der eigenen Person darf indessen nicht mit asketischem Verzicht auf Mitsprache verwechselt werden. Ganz im Gegenteil, wie manche seiner Mitstreiter bei dem Gründungsvorhaben sehr direkt erfahren mußten: "Ich gehöre aber nicht zu den Spendern, die protzig und ohne eigenes Nachdenken ihre Batzen hinwerfen, ohne sich um das Schicksal der Unternehmen, denen sie gelten, zu kümmern. Ich pflege mich selbst in den Dienst meiner Bestrebungen zu stellen", schrieb er 1903 an den Frankfurter Oberbürgermeister Adickes.

* *

Aufschluß und Zugang zu den Motiven, Denkweisen und Zielen dieser nur schwer zu erfassenden Persönlichkeit gibt uns immer wieder das kleine Detail, überliefert aus jenen an Höhepunkten und Rückschlägen reichen Jahren, in denen die kühne Idee, aus dem Mertonschen Institut für Gemeinwohl eine Handelsakademie und aus ihr die wirtschaftswissenschaftliche Fakultät als Kern der künftigen Frankfurter Universität zu entwickeln, Gestalt annahm. So vermerkt der eben zitierte Hochschullehrer mit besonderer Dankbarkeit, daß Wilhelm Mertons Fürsorge auch die Einrichtung eines Reisefonds für die Akademie einschloß, wie er in der damaligen deutschen Hochschulwelt einmalig war. Er ermöglichte den Dozenten Auslandsstudien, die ihren Blick weiteten und ihre Vorurteile zu überwinden halfen. "Nur durch diesen Fonds ist es mir beschieden gewesen, für vier Monate nach Amerika zu fahren, Monate, die auf meine wissenschaftlichen Anschauungen, vielleicht auf die Lebensauffassung überhaupt, von bestimmendem Einfluß geworden sind", schreibt unser Professor und schließt die Erinnerungen an Wilhelm Merton mit dem Satz: "Das Maß seiner Leistungen für das Gemeinwohl mag amerikanisch genannt werden. Ihre Wärme aber und sein Bedürfnis, sie theoretisch zu untermauern, waren echt deutsch."

"Wilhelm Merton nahm die soziale Frage so ernst, daß ihm keine gesellschaftliche Tätigkeit, auch nicht das Wirtschaften, ohne die nötige soziale Bildung ersprießlich schien", schreibt sein Biograph Hans Achinger. Diese Grundauffassung setzte er auch bei der Universitätsgründung unbeirrt durch. Das lag einmal an seiner beharrlichen Überzeugungskraft, aber nicht zuletzt daran, daß man ohne sein Geld überhaupt nicht gründen konnte. Immerhin spendete er die für damalige Verhältnisse gewaltige Summe von 2.300.000 Mark. Obwohl er mehrfach beteuerte, daß das Schnorren ihm nicht läge, verstand er es doch, dem reichen Frankfurter Bürgertum erhebliche Spendenbeträge für seine Idee zu entlocken. Die Absicht, durch einen reichlich ausgestatteten Stiftungsfonds einen Vermögensstock zum Schutz gegen Verstaatlichung zu schaffen, stand dabei im Vordergrund.

* *

Bei den trotz unermüdlicher und vielschichtiger Aktivität wenigen aus eigener Feder erhaltenen Zeugnissen wird es immer schwer sein, die Persönlichkeit Mertons endgültig einzuordnen. Der internationale Unternehmer mit glänzenden wirtschaftlichen Erfolgen schuf in wenigen Jahren einen Konzern von Weltgeltung und beherrschender Position, dessen Grundkonzept bis heute seine Gültigkeit behalten hat. Daneben entstand als zweite enorme Lebensleistung ein "Sozial-Konzern". Dieses von Merton gegründete soziale Reformwerk steht im Urteil der heutigen Gesellschaftswissenschaften ebenbürtig neben seiner unternehmerischen Leistung.

Für ihn gab es ohne sozialen Fortschritt keinen wirtschaftlichen Erfolg von Bestand. Kein Traditionalist, keiner Doktrin verhaftet und keinesfalls ein Mann von Rezepten, versuchte er, die eigene in wirtschaftlicher Tätigkeit erfahrene und bewährte Rationalität auf die seine Zeit tief bewegenden sozialen Fragen empirisch anzuwenden. Zur Abgeltung einer für ihn ethischen Pflicht, "seine Mitmenschen aus Elend, Laster und Unverstand herauszureißen, zu menschenwürdigem, nützlichem Dasein" benutzte er seinen Reichtum, nicht als Wohltäter, sondern auf Breitenwirkung gezielt, an der entscheidenden Stelle einsetzend. "Was er tat, wollte er nur auf seine Weise tun", schreibt Paul Kluke in "Die Stiftungs-Universität Frankfurt" über Merton. Er glaubte an Voraussicht, Beobachtung, systematische Analyse, an das durch Vernunft Machbare. So lieferte das von ihm aufgebaute statistische Informationswesen seiner Firma Grundlagen der modernen Konjunkturbeobachtung. Als Praktiker achtete er die reine Wissenschaft. Wirtschaftliches und soziales Handeln, das hat er in vielen Schriften und Memoranden immer wieder gefordert, sollte von wissenschaftlichen Erkenntnissen durchdrungen werden. Er war immer auf der Suche nach Brücken zwischen Praxis und Theorie, Brücken über die Bildungskluft zwischen Wirtschaft und Technik auf der einen und Verwaltung auf der anderen Seite. Als Bildungsreformer kritisierte er die einseitig formal-juristische Ausbildung der Führungsschicht und ihre mangelhafte Kenntnis von wirtschaftlichen und sozialen Fragen. Dieser Ausbildungsmangel war für ihn überhaupt eines der Grundübel der bestehenden Gesellschaftsordnung.

* *

Sein Bestreben, den Wirtschaftswissenschaften eine sozialpraktische Aufgabenstellung zuzuordnen, mag erklären, warum sich für das Mertonsche Fakultätskonzept eher eine Institution wie die "London School of Economics" als Vorbild eigenete, die ebenfalls auf die Ideen sozialbewußter Gründer zurückging - im Gegensatz zu den von aristokratischen Bildungsidealen geprägten Landes-Universitäten.

Daß sich die junge deutsche Betriebswirtschaftslehre als akademische Disziplin neben der Volkswirtschaftslehre etablieren und entwickeln konnte, ist eines der Ergebnisse Mertonscher Förderung der Handelswissenschaften, die er mit realistischer Hartnäckigkeit betrieb. So wurde er, der nie im Leben eine Prüfung abgelegt hatte, zum Schrittmacher wissenschaftlicher Arbeitsweise. Zu welchem Rang die ebenfalls aus seinen Initiativen entstandenen Frankfurter Sozialwissenschaften in den kommenden Jahren emporstiegen, bedarf vor diesem Auditorium keiner Erklärung.

Die Zeiten großherziger bürgerlicher Stiftungsbereitschaft sind lange dahin. Im Zeitalter bildungspolitischen Ideologienstreits mag es manchem schwerfallen, in der Figur eines Wilhelm Merton mehr als eine Reminiszenz an vergangene Epochen und Gesellschaftsordnungen zu sehen. Wenn wir die heute beginnende Reihe wissenschaftlicher Beiträge unter seinen Namen stellen, geschieht das in der Absicht, einen Mann zu ehren, der die entscheidenden Impulse für Gemeinwohl und Fortschritt nicht von kollektiven oder staatlichen Instanzen erwartete, sondern vom freiwilligen und einsichtigen Engagement des einzelnen Bürgers. Mit dieser Einstellung hat er für seine Zeit, in der Bürgersinn durchaus kein Massenphänomen war, ein Zeichen gesetzt. Vielleicht ein Zeichen, dem wir heute, da uns viele Illusionen hinsichtlich des vom Staat Machbaren zu schwinden beginnen, wieder mehr Aufmerksamkeit schenken sollten.

Hanns Schroeder-Hohenwarth

*Vorsitzender der Vereinigung von Freunden und Förderern
der Johann Wolfgang Goethe-Universität*

Meine sehr verehrten Damen und Herren,

namens der Vereinigung von Freunden und Förderern der Johann Wolfgang Goethe-Universität möchte ich als deren Vorsitzender unsere besondere Freude darüber zum Ausdruck bringen, daß wir durch die Wilhelm Merton-Stiftung eine erneute Verstärkung der engen und freundschaftlichen Beziehungen zwischen unserer Universität und ihrer Fördergesellschaft verzeichnen können. Ich nehme daher die heutige erste Merton-Vorlesung, die in hervorragender Weise in der Person des heutigen Gastes, Lord Kaldor, und in seinem Thema Niveau und Thematik dieser Stiftung zum Ausdruck bringt, gern zum Anlaß, Ihnen, lieber Herr Ratjen, und in Ihnen dem von Ihnen geleiteten Unternehmen sehr herzlich für diese großherzige Stiftung aus Anlaß des hundertjährigen Bestehens der Metallgesellschaft zu danken. Sie haben vorgeschlagen - wohl auch auf Grund Ihrer persönlichen engen Verbundenheit mit unserer Universitäts-Vereinigung als deren langjähriger Vorsitzender -, daß die Vereinigung von Freunden und Förderern der Johann Wolfgang Goethe-Universität die neue Stiftung in ihre Obhut nimmt. Wir tun dies gern, zumal durch die vorgesehene Veranstaltung regelmäßiger Vorträge zu wirtschaftswissenschaftlicher und politischer Bildung die breite Palette der in unserer Vereinigung zusammengefaßten unselbständigen Stiftungen - denken Sie z. B. an die Paul Ehrlich-Stiftung, an die Dr. Paul und Cilli Weill-Stiftung, auch an die Poetik-Gastdozentur - dieses breitgefächerte Spektrum von Aktivitäten in eindrucksvoller Weise erweitert wird. Eine Stiftung, aus der neben der Unterstützung von Forschung und sozialwissenschaftlicher Lehre eine derartige Vorlesungsreihe für Universitätszugehörige und gleichzeitig für Bürger der Stadt finanziert werden soll, unterstreicht die Verbundenheit mit unserer Universität besonders deutlich. Sie erinnert durch den Namen Wilhelm Merton nicht nur an einen hervorragenden Kaufmann und Unternehmensgründer, sondern zugleich an einen Mann, der als Mitbegründer der Universität in geradezu idealer Weise den wirtschaftlich-wissenschaftlichen Verbund gefördert und als Mäzen vorbildlich gewirkt hat. Wir hoffen, daß auch noch heute und in der Zukunft viele unserer Frankfurter

Mitbürger diesem Vorbild im Rahmen ihrer jeweiligen Möglichkeiten folgen werden.

Ich freue mich, daß wir heute auf Grund des von der Metallgesellschaft erneut bewiesenen Mäzenatentums die erste Gastvorlesung hören können, und wünsche der neuen Stiftung und ihrem Kuratorium Erfolg für die weitere Arbeit.

Bertram Schefold

*Dekan des Fachbereiches Wirtschaftswissenschaften
der Johann Wolfgang Goethe-Universität*

Meine Damen und Herren,

es ist mir eine große Freude, als Dekan des Fachbereiches Wirtschaftswissenschaften die Reihe der Merton-Lesungen so glanzvoll eröffnen zu dürfen. Ich möchte Herrn Ratjen und der Metallgesellschaft, Herrn Schroeder-Hohenwarth und der Vereinigung von Freunden und Förderern der J. W. Goethe-Universität für die überaus großzügige Stiftung dieser Vorlesungsreihe herzlich danken. Mein Dank gilt auch Herrn Kelm, der als unser Präsident den entscheidenden Vermittlerdienst geleistet hat, sowie Lord Kaldor, der sich bereit fand, einen Reigen wissenschaftlicher Darbietungen zu eröffnen, der hoffentlich von Höhepunkt zu Höhepunkt weiterschreiten und gewiß das gebührende Echo in der wissenschaftlichen und weiteren Öffentlichkeit finden wird.

Da gestern Lord Kaldor der Doctor rerum politicarum honoris causa verliehen worden ist und die Anwesenden über sein Werk und seine Person unterrichtet sind, will auch ich kurz Wilhelm Mertons gedenken, dessen Name hier zur Kennzeichnung der Vorlesungsreihe in Anspruch genommen wird. Durch die Nennung seines Namens bekennen sich die Stifter zur Verpflichtung, zur Verbindung von Theorie und Praxis in den Wirtschafts- und Sozialwissenschaften beizutragen, die Merton selbst in mehreren seiner eigenen Stiftungen verankert hat.

Da die Merton-Lesungen im Jahre 1982 eröffnet werden, darf ich vorweg daran erinnern, daß vor 50 Jahren der berühmte Finanzwissenschaftler Gerloff, der Vorgänger Neumarks, in einer mutigen Rektoratsansprache die Bedeutung der Wirtschaftswissenschaften für die politische Bildung angesichts des offenkundig drohenden Unheils klar zu machen suchte. Die folgenden Worte, die er der gefährdeten Studentenschaft zurief, passen in der Deutlichkeit des darin zum Ausdruck kommenden Reformwillens gut zu unserem heutigen Redner, Lord Kaldor, auch wenn die Lage glücklicherweise auch nicht entfernt so gefährdet erscheint wie damals: "Wenn man den Krug erst zerschlägt, dann ist es leicht, zu beweisen, daß man nichts daraus trinken kann. So treiben oder wollen es gar manche, die heute an Staat und Wirtschaft Kritik üben. Aber es ist töricht, zu glauben, man könne die ganze kapitalistische Entwicklung und damit zugleich den kapitalistischen Menschen über Bord werfen. Der kapitalistische Mensch stirbt so bald nicht aus, trotz der Theorien von Spengler, Scheler und wie sie alle heißen. Den Kapitalismus als unser Schicksal erkennen, heißt nicht, seine Auswüchse verteidigen oder auch nur dulden wollen, sondern die wirtschaftlich-technischen Grundlagen und Bedingungen unseres Daseins begreifen, um diese selbst meistern zu können."

Wie damals, ist auch heute wirtschaftliche Einsicht als Grundlage politischer Bildung vonnöten, nicht um den Kapitalismus, sondern um seine Krisenerscheinungen wie die Rezession, aber auch die Bürokratisierung zu überwinden. Am 25. Juni 1932, also morgen, vor 50 Jahren, gab diese Universität sich den Namen Johann Wolfgang Goethe-Universität. Sie berief sich damit auf das humanistische Bildungsideal. Es war aber auch andererseits die Universität, an der zuerst in Deutschland eine Wirtschafts- und Sozialwissenschaftliche Fakultät selbständig die klassischen Fakultäten (u.a. wegen der jüdischen Mitstifter ohne Theologie, dafür mit den Naturwissenschaften) ergänzte. Die Namensgebung brachte zum Ausdruck, daß eine derart gestaltete Universität nun als mit den anderen gleichrangig angesehen wurde und der Wert der Wirtschafts- und Sozialwissenschaften für die Praxis und die politische Bildung anerkannt war, während zu gleicher Zeit die Geisteswissenschaften einen Höhepunkt erlebten.

Damit komme ich zu Wilhelm Merton zurück, der als Bürger so viel für Handelslehre und öffentliche Wohlfahrt geleistet hat. Neben seinen Leistungen in der Sozialpolitik ragt die Gründung der Handelsakademie und der aus dieser und anderen Stiftungen hervorgegangenen Universität heraus. Mertons Hauptanliegen war, Praktiker und insbesondere Ingenieure in den Wirtschaftswissenschaften theoretisch zu schulen. Aber sein Verständnis vom Bildungswert der Wissenschaft ging über eine so enge Zweckbestimmung hinaus.

Die verschiedenen uns hier interessierenden Seiten seines Charakters zeigen sich in einer Anekdote, die Lujo Brentano erzählt. Danach hätte Merton Brentano mitgeteilt, seine Religion verpflichte ihn, ein Zehntel seines Einkommens den Armen zu widmen. Sein Einkommen sei aber so groß, daß ihm dies zu wenig erscheine. Er habe sich daher entschlossen, eine Stiftung zu machen, und denke an eine Anstalt zur Fürsorge für Blinde. Brentano, der fand, für Blinde sorgten auch andere, suchte Merton zu bestimmen, eine Stiftung zugunsten akademischer Dozenten zu machen, die genötigt würden, vom akademischen Beruf abzustehen, weil ihnen aus religiösen oder politischen Gründen das Fortkommen und damit die Existenz unmöglich gemacht werde. Brentano berichtete, Merton sei mit Wärme auf seinen Gedanken eingegangen, habe ihn aber nicht ausgeführt, sondern habe sich auf die Gründung einer Handelshochschule in Frankfurt 'ablenken' lassen, woraus dann die dortige Universität entstanden sei.

Anders als Brentano bedauern wir die Gründung nicht, zumal diese Universität von einem besonderen Geist der Toleranz erfüllt war. Aber wir sehen die Gesinnung Mertons bestätigt, die Othmar Spann in Wien so schilderte: "Er hatte jene unbegrenzte Achtung vor der Wissenschaft, die so selten ist unter den Männern der reinen Praxis, weil sie allzu leicht dem unmittelbar Handgreiflichen verfallen. Wäre seine Gesinnung allgemein unter den grossen Wirtschaftsführern, so würde manches besser stehen im Deutschen Vaterlande."

Unter diesen Auspizien freut es mich besonders, die Reihe der Merton-Lesungen zu eröffnen, die beweist, daß es um die Achtung der Wissenschaft doch so schlecht nicht steht. Daß wir dabei einem Engländer zuerst das Wort erteilen, ist insofern nicht unangebracht, als Mertons Familie und sein Name selbst England entstammten und er und seine Söhne der angelsächsischen Welt verbunden blieben. So sei es uns auch gestattet, um des internationalen Klanges willen gelegentlich von "Merton-Lectures" zu sprechen.

Nicholas Kaldor

Grenzen der ‚General Theory‘

# Erste Vorlesung

Keynes' 1936 - vor 46 Jahren - erschienene "General Theory of Employment, Interest and Money" (deutsch: Die Allgemeine Theorie der Beschäftigung, des Zinses und des Geldes) wird, denke ich, als das wichtigste und sicherlich einflußreichste Buch des zwanzigsten Jahrhunderts über Wirtschaftstheorie angesehen. Dies räumen wohl nicht nur seine Anhänger, sondern auch seine Gegner ein. Es ist eines der fünf klassischen Werke auf dem Gebiet - in der Bedeutung vergleichbar mit Adam Smiths <u>Wealth of Nations</u> (deutsch: Wohlstand der Nationen), Ricardos <u>Principles</u> (voller Titel: On the Principles of Political Economy and Taxation; deutsch: Grundsätze der Volkswirtschaft und der Besteuerung), Marx' <u>Das Kapital</u> und Alfred Marshalls <u>Principles of Economics</u> (deutsch: Handbuch der Volkswirtschaftslehre).[1]

Verglichen mit diesen anderen Büchern - alle ihrer Natur nach umfassende Abhandlungen, die sich mit sämtlichen Aspekten der behandelten Phänomene beschäftigen - gleicht Keynes' Buch jedoch mehr einem an geschulte Ökonomen gerichteten polemischen Pamphlet, dessen Hauptzweck es nicht ist zu lehren, sondern den gelehrten Leser zu einer neuen Sichtweise des ökonomischen Systems zu bewegen: einer von einer begrenzten Zahl empirisch meßbarer Zusammenhänge ausgehenden Sichtweise, die es ermöglichen soll, neue Instrumente zu schaffen, um durch fiskalische und monetäre Maßnahmen die Leistungsfähigkeit der Volkswirtschaft zu verbessern.

Als die <u>General Theory</u> erschien, verstand keiner der führenden Ökonomen Keynes' Botschaft, und alle wichtigen Besprechungen seines Buches - von so hervorragenden Ökonomen wie Jacob Viner in den Vereinigten Staaten, Pigou oder Dennis Robertson in England - waren sehr kritisch und ablehnend; und alle behaupteten, <u>einen</u> grundlegenden logischen Fehler gefunden zu haben, der die wichtigsten Schlußfolgerungen des Buches ungültig erscheinen ließ.

Diese Schlußfolgerungen widersprachen nämlich den grundlegenden Prämissen, auf denen alle ökonomische Theorie fußte. Sowohl für die klassische als auch für die neoklassische ökonomische Theorie war die Knappheit der Mittel zur Befriedigung menschlicher Bedürfnisse die Grundannahme. Daraus folgte, daß <u>wirtschaftliche</u> Tätigkeiten immer damit verbunden sind, das Verfügbare bestmöglich einzusetzen oder, anders ausgedrückt, die Verwendung von Ressourcen, ob Land, Arbeit oder Kapital, zu 'ökonomisieren'. Dies hieß, daß eine 'Volkswirtschaft' - also ein Gemeinwesen, das seine Bedürfnisse gemeinschaftlich durch die Verteilung der Ressourcen auf verschiedene Funktionen befriedigt - notwendig in seinen Aktivitäten durch seine Ausstattung mit Ressourcen beschränkt war: Es ist die Armut an Ressourcen, welche die Befriedigung von Bedürfnissen begrenzt. Exogene Faktoren bestimmten Art und Menge der verfügbaren Ressourcen und ihre zeitliche Veränderung und, zusammen mit dem technischen Wissen und dessen Entwicklung, wieviel produziert werden konnte und inwieweit menschliche Bedürfnisse befriedigt werden konnten. Keynes behauptete, die Produktion werde im Allgemeinen nicht durch die Ausstattung mit Ressourcen begrenzt, sondern durch die effektive Nachfrage, die bestimmt, <u>wie viele</u> der potentiellen Ressourcen tatsächlich verwendet werden. Das eröffnete die Möglichkeit, die materielle Wohlfahrt durch vollere Nutzung der Ressourcen zu vergrößern.

Das Prinzip der effektiven Nachfrage - der Kern seiner Theorie - war eine Verfeinerung oder eine Weiterentwicklung des Sayschen Gesetzes und nicht dessen bloße Ablehnung. Keynes bestritt nicht, daß Einkommen durch produktive Tätigkeiten entstehen oder daß 'Einkommen' nur ein anderer Aspekt der anfallenden Kosten sind, und daß sie daher sowohl ein Maß für den Wert produzierter Dinge sind, als auch die Quelle der Kaufkraft - die Quelle der Nachfrage nach Gütern.

Was er ablehnte, war, daß eine notwendige Gleichheit der anfallenden Kosten und der durch sie erzeugten Nachfrage bestünde. Das Neue an Keynes' Theorie bestand darin, daß er die Produktion zu einem Resultat von Ausgabeentscheidungen machte, die auf einem ausreichenden Niveau liegen müssen, um es den Produzenten zu erlauben, nicht nur ihre Kosten zu decken, sondern sogar einen Überschuß über die Kosten für den Gewinn zu erzielen. Eine Privatwirtschaft erfordert einen solchen Überschuß - die Erträge aus dem Verkauf der Produkte müssen die Ausgaben der Unternehmer für deren Produktion <u>übersteigen</u>. Um dies zu ermöglichen, muß es eine weitere Quelle der Nachfrage geben, die ihrer Natur nach <u>autonom</u> (oder exogen) ist; und es ist die Größe dieser nicht direkt durch Einkommen aus laufender Produktion erzeugten autonomen Nachfrage, die entscheidet, bei welchem Produktionsniveau sich Gesamtnachfrage und Angebot treffen werden.[2] Je größer der Überschuß der Einnahmen über die Ausgaben - mit anderen Worten, je größer der Anteil der Gewinne am Produkt -, desto höher werden das Produktionsvolumen und die Beschäftigung sein.

Es ist nicht verwunderlich, daß dies für in der klassischen Tradition erzogene Ökonomen merkwürdig und fast unverständlich klang. Nach einer bemerkenswert kurzen Zeit - zweifellos durch das vom Krieg erzwungene allgemeine Umdenken begünstigt - verschwand die anfängliche Opposition jedoch und Keynes' Grundgedanken wurden nicht nur von akademischen Ökonomen der jüngeren Generation, sondern auch von Staatsbeamten, öffentlich bestellten Beratern von Ministern und sogar von Wirtschaftsjournalisten akzeptiert, und zwar nicht nur in Großbritannien, sondern auch in Amerika und in der ganzen westlichen Welt. Zweifellos verringerte der durch den Ausbruch des Krieges hervorgerufene Zwang, alle Ressourcen voll auszunutzen, den Widerstand gegen die neuen Ideen und half, sie zu verstehen. Von 1941 an basierte die Entscheidung, wie weit der Staatshaushalt durch Steuern und wie weit er durch Kreditaufnahme gedeckt werden sollte, auf keynesianischen Prinzipien. 1944, noch vor Ende des Krieges, gab die Koalitionsregierung das feierliche Versprechen, daß die "Aufrechterhaltung eines hohen und stabilen Beschäftigungsniveaus" eine der wichtigsten Pflichten und Verantwortlichkeiten der Regierung sein werde. Dies bedeutete die offizielle Annahme der keynesianischen Wirtschaftstheorie durch eine nationale Allparteienregierung.

Ähnliches geschah in den Vereinigten Staaten. Keynesianische Prinzipien wurden hier durch den Full Employment Act (Vollbeschäftigungsgesetz) von 1946 gesetzlich verankert. Und die wieder befreiten Länder Europas - zuerst Frankreich, später aber auch die anderen - gaben gleichermaßen feierliche Erklärungen über die Wahrung der Vollbeschäftigung ab; vor dem Erscheinen von Keynes <u>General Theory</u> wäre dies undenkbar gewesen. Schließlich wurde die Verpflichtung, eine Vollbeschäftigungspolitik zu verfolgen, auch in die Charta der Vereinten Nationen aufgenommen (Artikel 55).

In den 70er Jahren, ein Viertel Jahrhundert später, scheiterte die von allen westlichen Ländern mehr oder weniger erfolgreich betriebene Vollbeschäftigungspolitik. Gleichzeitig lebten vorkeynesianische Vorstellungen wieder auf, wonach die Inflation als das Hauptübel gilt - wesentlich durch die Verfolgung keynesianischer Konzepte der Nachfragesteuerung verursacht - und das Heil in einer Kontrolle des Geldangebotes zu suchen wäre.

Ich behaupte nicht, die monetaristische Konterrevolution habe wesentlichen Anteil an den wirtschaftlichen Erschütterungen der 70er Jahre, der sogenannten 'Stagflation' - hohe Inflationsraten kombiniert mit stagnierender und sinkender Produktion und wiederauflebender Massenarbeitslosigkeit - gehabt. Der Triumph des Monetarismus in England und Amerika kam zeitlich erst Jahre nach dem Einsetzen der Erschütterungen; von einer "Krise des Keynesianismus" redeten in den frühen 70er Jahren nicht bloß Monetaristen, sondern keynesianische Ökonomen, wie Sir John Hicks. In der Tat wurde der Monetarismus während der ersten drei Jahre der Regierung Thatcher in Großbritannien in einer erstaunlich kurzen Zeit diskreditiert. Während das wichtigste Ziel der keynesianischen Wirtschaftspolitik - Vollbeschäftigung - aufgegeben wurde, bedient man sich nach wie vor der Techniken wirtschaftlicher und finanzieller Prognoseerstellung und der volkswirtschaftlichen Gesamtrechnung, die infolge der Keynesschen Theorie entwickelt worden waren.

Der Zweck dieser Vorlesung ist zu zeigen, daß viele Schwierigkeiten, die bei der Durchführung der keynesianischen Politik der Nachfragesteuerung auftauchten, nicht Fehlern in den Grundannahmen zuzuschreiben waren, sondern vielmehr dem Unvermögen von Keynes und seiner Nachfolger, die Implikationen seines 'Paradigmas' vollständig herauszuarbeiten, und zwar aus dem Gegensatz zum herrschenden neoklassischen 'Paradigma'.

Keynes selbst betonte, die Entstehung seines Buches sei "ein langes Ringen gewesen, den gewohnten Denk- und Ausdrucksweisen zu entrinnen. ...Die Schwierigkeit liegt nicht in den neuen Ideen, sondern darin, den alten zu entkommen, die sich bei denen, die wie die meisten von uns erzogen sind, in jeden Winkel des Geistes erstrecken".[3)]

Soweit dies im Rahmen dieser Vorträge möglich ist, hoffe ich zeigen zu können, daß sich die Grenzen der General Theory mehr aus einem Versagen, den traditionellen Denkweisen zu entkommen, ergeben, als aus einem grundlegenden Fehler in den fundamental neuen Aspekten. Ich werde mich auf vier verschiedene derselben konzentrieren.

Der erste betrifft Keynes' Kritik der Quantitätstheorie des Geldes. Seine Theorie der Liquiditätspräferenz und des Zinssatzes waren, glaube ich, für einen großen Teil der fehlgeleiteten Opposition gegen seine Ideen verantwortlich - eine Opposition, die nicht auf allzu große Radikalität seiner Ansichten, sondern im Gegenteil darauf zurückzuführen ist, daß er noch zu sehr unter dem Einfluß traditionellen Denkens stand. So setzte sich Keynes selbst einer Kritik aus, deren Irrelevanz hätte aufgezeigt werden können, hätte Keynes seine Theorie nur anders dargestellt.

Der zweite betrifft die wichtigsten Implikationen seiner Theorie der Funktionsweise von Märkten - d.h. den 'mikroökonomischen Hintergrund' seiner neuen Makroökonomie. Ich glaube, daß Keynes' unkritische Übernahme der traditionellen Marshallschen Theorie des Gleichgewichts der Firma oder eines einzelnen Industriezweiges für die Entwicklung der 'neoklassischen Synthese' durch amerikanische Ökonomen nach dem Krieg verantwortlich gewesen sein kann, die sich als ernstes Hindernis für die Weiterentwicklung des Keynesschen Systems und seiner Anwendung auf die Dynamik der ökonomischen Entwicklung erwies.

Der dritte betrifft Keynes' Vernachlässigung des regionalen oder territorialen Aspekts seiner makroökonomischen Theorie und insbesondere die Auswirkungen des interregionalen Handels auf die unterschiedlichen Raten des Beschäftigungswachstums verschiedener Gebiete.

Am wichtigsten ist schließlich die mangelnde Einsicht, daß, aufgrund der Bedeutung zunehmender Erträge vor allem in der verarbeitenden Industrie, die Entwicklung eines industriellen Systems in weitem Umfang selbst erzeugt ist, wobei aufgrund eines mächtigen Rückkopplungsmechanismus die jüngste Vergangenheit nur mit Hilfe der Sequenz der Ereignisse erklärt werden kann, durch die das System fortgeschritten ist; Geschichte geht wesentlich in den Kausalzusammenhang der Ereignisse ein. Ein finnischer Ökonom, Jukka Pekkarinen, schrieb kürzlich, "angesichts dieses Rückkopplungsmechanismus ist es nicht _sinnvoll_, den Wirtschaftsprozeß als Allokation _gegebener_ Ressourcen bei _gegebener_ Technologie und _gegebenen_ Präferenzen zu betrachten".[4]

Ich möchte jetzt den ersten meiner vier Punkte behandeln, der Keynes' Theorien des Geldes, der Liquiditätspräferenz und des Zinssatzes betrifft. Um diese zu verstehen, muß man wissen, daß Keynes vor allem ein _Geld_theoretiker war. Während seiner ganzen akademischen Karriere las er in Cambridge über Geldtheorie und monetäre Institutionen. Mit anderen führenden britischen Ökonomen seiner Generation, wie Dennis Robertson und Ralph Hawtrey, teilte er die Überzeugung, daß Geld der Schlüssel zu allen wichtigen Leistungsschwächen der Volkswirtschaft wäre. Er stand sehr unter dem Einfluß seines großen Lehrers Alfred Marshall, der eine verfeinerte _Quantitätstheorie_ des Geldes entwikkelte, die aber nie veröffentlicht wurde – für Generationen blieb sie ein Teil der berühmten "mündlichen Tradition Cambridges" auf dem Gebiet der Geldtheorie.

Die Quantitätstheorie des Geldes war Teil von Keynes' Ausbildung, und er glaubte jahrelang fest an sie. Obwohl er seine eigene intellektuelle Entwicklung als den Versuch einer Reformulierung und letztendlich der Aufgabe dieser Theorie ansah, gelang ihm dies nicht vollständig. Er versuchte, die neue Theorie mit der alten zu versöhnen – und das ist nicht dasselbe, wie die eine durch die andere zu ersetzen.

Keynes' neue Theorie war eine Theorie der Entstehung von Einkommen in einer Marktwirtschaft – er hätte sie, hätte er deutsch geschrieben, sicherlich "Die Allgemeine Theorie des Einkommenskreislaufs" genannt. Aber ein solches Konzept war in der angelsächsischen Literatur unbekannt – so nannte er sie "the theory of effective demand for output as a whole", also die Theorie der effektiven Nachfrage für das Gesamtprodukt einer Volkswirtschaft. Damit wollte er den Unterschied zwischen seiner Theorie und der traditionellen Theorie der aggregierten, durch die Geldmenge gegebenen Nachfrage nach Gütern und Dienstleistungen unterstreichen. Keynes' Versuch, die eine mit der anderen zu versöhnen, machte ihn für einen monetaristischen Gegenangriff verwundbar, der (in meinen Augen) keine Rechtfertigung in der Sache, sondern nur in Keynes' Darstellungsweise hatte.

In seiner einfachsten Form besagt das Prinzip der effektiven Nachfrage, daß die Ausgaben für Güter und Dienstleistungen von zweierlei Art sind – zum einen gibt es die, die er 'Konsumausgaben' nannte: sie sind an aktuelle Einkommensbezüge gebunden, durch die sie finanziert werden; zum anderen gibt es die, die er 'Investitionsausgaben' nannte: sie werden aus dem Kapital finanziert (d.h. durch Kredite oder aus flüssigen Reserven) und hängen nur von gegenwärtigen Erwartungen über zukünftige Gewinne ab, die durch den Einsatz neuen Kapitals erzielt werden können. Der zweite Typ von Ausgaben erzeugt Einkommen und Beschäftigung, die weit über diese Ausgaben hinausgehen: Beim Vorliegen von Arbeitslosigkeit und unausgelasteten Kapazitäten wird soviel zusätzliches Einkommen erzeugt, daß die Erhöhung der Sparsumme genau gleich der zusätzlichen Investition ist.

In ihrer einfachsten Form kann diese Behauptung durch die folgende Gleichung dargestellt werden:

$$D = PY = \frac{1}{s} I \quad (1)$$

Mit:
- D = Effektive Nachfrage (in Geldeinheiten)
- Y = Reales Produktionsniveau (oder Einkommen, diese sind definitionsgemäß identisch)
- P = Preisniveau des Outputs
- s = Der Anteil der Ersparnisse am Einkommen; die gesamte Sparsumme ist also: $S = sY$
- I = Die Investitionshöhe (in Geldeinheiten)

Diese Gleichung enthält zwei unabhängige Variable, s und I, und zwei abhängige Variable, P und Y (das Preis- und das Produktionsniveau). Sie ist also offensichtlich alleine nicht ausreichend. Wir brauchen eine weitere Gleichung, und die bedeutet wiederum die Einführung neuer Variabler.

Die traditionelle Gleichung zur Bestimmung von PY ist die berühmte Quantitätsgleichung von Irving Fisher:

$$D = MV = PY \quad (2)$$

Mit:
- M = Die Geldmenge
- V = Die Umlaufsgeschwindigkeit
- Y = Das exogen gegebene Einkommens- oder Produktionsniveau
- P = Das Preisniveau als endogene Variable

Die zweite Gleichung ist offensichtlich mit der ersten unvereinbar: (a) weil Y als eine Konstante behandelt wird und nicht als eine abhängige Variable; (b) es besteht kein Grund, warum die implizierte Gleichung

$$MV = \frac{1}{s} I$$

gelten solle. Wenn wir in der Quantitätsgleichung (2) Y als endogen und nicht als exogen behandeln, brauchen wir eine andere Gleichung, die P enthält, um P und Y zu bestimmen.

Eine solche Gleichung, die das Preisniveau mit den (Grenz-) Kosten der Produktion verbindet, wurde von Professor Pigou (in seinem 1933 erschienenen Buch <u>Theory of Unemployment</u> - Theorie der Arbeitslosigkeit -) gegeben: Sie wurde in ihrem Kern von Keynes übernommen. In ihrer einfachsten Form könnte sie so geschrieben werden:

$$P = (1 + g) lw \qquad (3)$$

wobei g, l und w alle <u>exogen</u> sind.

l = Die zur Produktion einer Einheit von Y benötigte Arbeitsmenge
w = Lohn pro Arbeitseinheit
g = Die Gewinnspanne

Dies heißt, das Preisniveau hängt vom Lohnsatz (in Tarifverhandlungen festgelegt) und der Arbeitsproduktivität, aber auch vom prozentualen Profitaufschlag, den die Unternehmer berechnen, ab.

Die Gleichungen (2) und (3) stellen eine modifizierte Form der Quantitätstheorie des Geldes dar, die in den frühen 30er Jahren sehr verbreitet war und die vielleicht noch heute zahlreiche Anhänger hat. Sie besagt, daß bei gegebenem Geldangebot und gegebener Geldnachfrage (d.h. Umlaufsgeschwindigkeit des Geldes) Produktion und Beschäftigung vom Geldlohnniveau abhängen, welches seinerseits das Preisniveau bestimmt. Es sind also die Gesamtausgaben MV, die so durch monetäre Faktoren bestimmt werden. Das kann mit unterschiedlichen Produktions- und Beschäftigungsniveaus verbunden sein, wenn die Löhne "zu hoch" sind - das heißt höher als das bei dem gegebenen Geldangebot zu Vollbeschäftigung führende Niveau.

Aber dies ist eindeutig <u>nicht</u> Keynes' Theorie, denn nach seiner Theorie wäre eine Änderung der Preise, die auf einer Änderung der pro Einheit des realen Outputs bezahlten Löhne (= lw = Leistungslöhne) beruht, mit einer Änderung des Investitionsvolumens, in Geldeinheiten gemessen, verbunden, die proportional zu der Änderung von P wäre. In Bezug auf Gleichung (1) hieße dies also, daß eine Änderung von P eine entsprechende Änderung von I zur Folge hätte und somit den Gleichgewichtswert von Y unbeeinflußt ließe. Dies kann am besten eingesehen werden, wenn wir die Gleichung in <u>reale</u> Größen transformieren, indem wir beide Seiten durch P dividieren.

$$\frac{D}{P} = Y = \frac{1}{s} \frac{I}{P}$$

In einem streng keynesianischen Modell, das sich auf eine geschlossene Volkswirtschaft bezieht, sind Produktion und Beschäftigung von Änderungen der Löhne und Preise unabhängig.

Um das Prinzip der effektiven Nachfrage mit der traditionellen Geldtheorie vereinbar zu machen, brauchte Keynes daher einen neuen Faktor. Er fand diesen in der Liquiditätspräferenz, welche die Geldnachfrage sich mit dem Zinssatz ändern läßt. Geld besteht aus übertragbaren Schuldverschreibungen, die keinen Zins abwerfen. Das Opfer, das man erbringt, wenn man Bargeld hält, ist daher der entgangene Zinsgewinn. Der Zinsgewinn entgeht einem dadurch, daß man nicht an Stelle des Bargelds einkommenbringende Wertpapiere hält.

Die Gleichung (2) ist also so zu modifizieren, daß V (der Kehrwert der Geld<u>nachfrage</u> L) vom Zinssatz abhängig wird:[5]

$$\underline{D = MV(r)} = PY \quad (2a)$$ wobei M und V(r) exogene Variable sind und wobei V(r) monoton steigt.

Aus Konsistenzgründen sollte die Variable r auch in Gleichung (1) eingeführt werden:

$$D = \frac{1}{s} I(r) \quad \text{wobei } I(r) \text{ monoton fällt.}$$

Wir haben nun drei unabhängige Gleichungen, um die drei endogenen Variablen P, Y und r zu bestimmen.

In dieser endgültigen Form wurde ein grundlegender Aspekt der klassischen (oder neoklassischen) Quantitätstheorie beibehalten, nämlich die Annahme, das 'Geldangebot' M - der Geldbetrag, der in privaten Händen ist, ob in Form von Banknoten oder Bankdepositen - werde durch die Leitung der monetären Institutionen autonom bestimmt und sei darum in derselben Weise exogen, wie in einer reinen Warengeldwirtschaft (eine Wirtschaft, in der Geld aus Gold, Silber oder Ochsen besteht), in der die gesamte Geldsumme als gegeben anzusehen und damit unabhängig von der Nachfrage ist.

Die Liquiditätspräferenz bewirkt jedoch, daß die monetären Determinanten der effektiven Nachfrage den 'realen' Faktoren (der Sparneigung und der Investitionsneigung) angepaßt werden, weil das Gleichgewichtsniveau von PY immer durch entsprechende Änderungen der Umlaufsgeschwindigkeit erreicht werden kann, da diese vom Zinssatz abhängt. Eine durch erhöhte Investitionen oder ein Fallen der Sparneigung erzeugte Erhöhung der effektiven Nachfrage wird, durch die von ihr ausgehenden Rückwirkungen auf den Zinssatz und also auch auf die Umlaufsgeschwindigkeit, eine entsprechende Erhöhung von MV(r) bewirken.

Dadurch wird nun die Last der Verknüpfung der realen und der monetären Faktoren ganz den Veränderungen der Umlaufsgeschwindigkeit auferlegt. Hält die Leitung der monetären Institutionen die Geldmenge konstant, wird ein Investitionsanstieg durch die entsprechende Erhöhung der Umlaufsgeschwindigkeit eine Erhöhung der effektiven Nachfrage bewirken und umgekehrt.[6]

Diese Form der Darstellung hatte höchst unglückliche Ergebnisse, denn sie machte Keynes für Kritiker wie Milton Friedman angreifbar, der auf der Basis umfangreicher historischer Untersuchungen zeigte, daß Schwankungen des Geldangebots meistens den historischen Veränderungen der Geldeinkommen und der Ausgaben entsprachen. Er fand sogar, daß die Umlaufsgeschwindigkeit im Ganzen recht stabil war und nur wenig auf Schwankungen von Y oder r reagierte.

Friedman erklärte das Fehlen einer Korrelation zwischen dem Geldangebot M und dem Niveau der Geldeinkommen PY zum kritischen Test für die empirische Gültigkeit des keynesianischen Modells. Er zog den voreiligen Schluß, das klassische Modell der Quantitätstheorie des Geldes und nicht das keynesianische sei das richtige - und so wurde der neue Monetarismus geboren. Wenn das Geldangebot die Geldeinkommen bestimmt, muß sich Keynes geirrt haben und der Reaktionsmechanismus der Wirtschaft muß den klassischen Bahnen folgen; es kann keine 'unfreiwillige Arbeitslosigkeit' geben (außer als rein temporäres Phänomen, insofern die Leute es vorziehen, bei einem Wechsel des Arbeitsplatzes nach der besten erreichbaren Stellung zu suchen, anstatt die erstbeste anzunehmen). Mit anderen Worten: im relevanten Sinne muß es also immer Vollbeschäftigung geben.

Friedmans emphatische Neubelebung der Quantitätstheorie des Geldes - gestützt auf das Postulat einer stabilen Nachfragefunktion nach Geld oder einer stabilen Umlaufsgeschwindigkeit - hing entscheidend davon ab, daß die Geldmenge ganz unabhängig von der Nachfrage exogen durch den Staat oder die Zentralbank bestimmt wird. Im dynamischen Zusammenhang basierte dies auf dem Postulat, daß Schwankungen des Geldbestandes die Ursache nachfolgender Schwankungen der gesamten Geldeinkommen waren. Ich muß gestehen, daß ich, als ich zuerst von Friedmans empirischen Entdeckungen hörte, sie kaum glauben konnte, bis mir plötzlich klar wurde, daß Friedmans Resultate umgekehrt zu lesen sind: die Wirkung läuft von Y zu M und nicht von M zu Y.

Der Grund, warum dies von Anfang an nicht offensichtlich war, kann nur darin zu sehen sein, daß, als die Quantitätstheorie des Geldes zuerst aufgestellt wurde (von David Hume im 18. Jahrhundert und später von Ricardo und seinen Anhängern), Geld aus Edelmetallen wie Gold oder Silber bestand oder aus Banknoten, die auf Verlangen in Gold oder Silber konvertierbar waren. In einer Warengeldwirtschaft kann der Wert der Geldware langfristig nicht von ihren Produktionskosten abweichen, und kurzfristig muß ihre gesamte Menge als gegeben angesehen werden. Weil alles überhaupt verfügbare Gold sich notwendig irgendwo befindet, muß, wenn einer weniger hat, ein anderer mehr davon haben. Unter diesen Bedingungen ist es sinnvoll zu sagen, es gebe einen <u>bestimmten</u> Wert des Geldes, bei dem die gesamte Menge, welche die Leute halten wollen, gleich der existierenden ist - weder mehr, noch weniger. Es ist weiterhin sinnvoll anzunehmen, daß, wenn der Hauptgrund dafür, Gold zu halten, der ist, sofort verfügbare Kaufkraft oder ein Mittel zur Aufbewahrung von Reichtum zu besitzen, dann die <u>reale</u> Nachfrage nach Gold in einem streng inversen Verhältnis zu seinem Wert, ausgedrückt in anderen Waren, stehen muß; mit anderen Worten, die Nachfrageelastizität Gold zu halten, als eine Funktion seiner Kaufkraft, kann nicht größer oder kleiner als eins sein; der <u>Wert</u> des Geldes muß umgekehrt proportional zu seiner Menge sein.

Diese Bedingungen gelten jedoch nicht mehr in einer Kreditgeldwirtschaft (oder Bankgeldwirtschaft), in der Geld durch eine Erhöhung der Bankkredite entsteht und in der der umlaufende Bankgeldbetrag die Reserven der Banken in Form von Bargeld oder von Guthaben bei der Zentralbank um ein Vielfaches übersteigt. Unter diesen Umständen <u>kann</u> die von der ursprünglichen Quantitätstheorie beschriebene Situation <u>nicht</u> eintreten: Das Geldangebot kann die Nachfrage nicht übersteigen, weil ein solcher Überschuß durch Rückzahlungen von Bankkrediten oder durch den Ankauf einkommenerzeugender Finanzanlagen vom Bankensystem automatisch vernichtet würde.

Im Fall einer Warengeldwirtschaft kann man das Gleichgewicht von Geldnachfrage und Angebot als eine Funktion des Zinssatzes darstellen, der sich als der Schnittpunkt einer <u>vertikalen</u> Angebotskurve mit einer fallenden Nachfragekurve, wie in Fig. 1 gezeigt, ergibt, obwohl selbst in diesem Fall die Vorstellung einer <u>vertikalen</u> Angebotskurve nicht unproblematisch ist. (Das gesamte Goldangebot ist nur für die Welt als Ganze 'gegeben' – nicht für ein einzelnes Land oder eine einzelne Region.) Im Fall von Kreditgeld wird das Geldangebot jedoch am besten durch eine horizontale Kurve dargestellt. Die exogene Variable ist <u>nicht</u> das Geldangebot, sondern der durch die Zentralbank festgelegte Zinssatz (Fig. 2). Die Zentralbank nimmt über Veränderungen der Bedingungen, zu denen sie zu verleihen bereit ist, in der Tat Einfluß auf die Wirtschaft: sie kann die Geldmenge aber nicht einfach <u>festlegen</u> (zum Beispiel indem sie eine festgelegte Zahl von Banknoten druckt). Sie kann auf das Geldangebot nur indirekt einen Einfluß ausüben, indem sie den Betrag beeinflußt, den das Publikum als Kredit aufzunehmen bereit ist. Die Wirkung dieser Politik hängt von der Zinselastizität der Geldnachfrage oder von der Zinselastizität der Lagerinvestitionen oder (noch einen Schritt weiter) der Anlageinvestitionen ab.

Bei all dem spielt die 'Liquiditätspräferenz', auf die sowohl von Keynes, als auch von seinen Widersachern, soviel Gewicht gelegt wurde, nur eine untergeordnete Rolle. Die Erfahrung der letzten Jahre hat gezeigt, daß der Zinssatz einen recht geringen Einfluß auf die Nachfrage des Publikums nach Geld hat. Dies bedeutet jedoch nicht, daß die Geldpolitik ein sehr wirkungsvolles Instrument wäre: Es bedeutet gerade im Gegenteil, daß Bankpolitik alleine unfähig ist, die umlaufende Geldmenge durch Veränderung des Diskontsatzes oder durch Offenmarktpolitik zu beeinflussen. Es beweist die <u>Impotenz</u> der Geldpolitik, nicht ihre <u>Omnipotenz</u>.

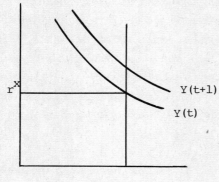
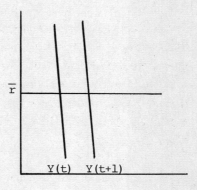

Fig. 1   Fig. 2

Anmerkungen

(1) Manche mögen die Aufnahme Marshalls in diese Liste anfechten und würden Walras' Elements of Pure Economics (Original: Eléments d'économie politique pure, ou théorie de la richesse sociale) als die profundere und logisch konsistentere Darstellung der neoklassischen ökonomischen Theorie vorziehen. In meinen Augen führte Marshalls Erkenntnis der Grenzen deduktiver Überlegungen und der Unmöglichkeit, ein auf wenigen grundlegenden Axiomen beruhendes 'reines Modell' zu konstruieren, jedoch zu fruchtbareren Resultaten als die eingleisige Verfolgung einer axiomatischen Werttheorie.

(2) Die hier gewählte Darstellung des Prinzips weicht etwas von Keynes' eigener in der General Theory ab. (Sie gleicht mehr Keynes' Ansatz im Treatise on Money (deutsch: Vom Gelde).) Die beiden sind jedoch äquivalent, weil die Investitionen die Ersparnis aus 'Faktoreinkommen' übersteigen müssen, damit die Gewinne positiv sind. Keynes' Darstellungsweise in Kapitel 3 der General Theory nahm keinen expliziten Bezug auf die wichtige Rolle, die Gewinne als Anreiz und als Restquelle der Finanzierung (oder) Ersparnis für Investitionen spielen.

(3) General Theory, Preface, p. viii

(4) Vgl. Jukka Pekkarinen, On the Generality of Keynesian Economics, Helsinki, 1979, p. 112.

(5) Der Cambridger Tradition folgend, schrieb Keynes die Gleichung so, daß sie die Gleichheit der Nachfrage Geld zu halten mit dem verfügbaren Angebot zeigt:

$M = L(PY, r)$.

Dies ist mit der Gleichung (2a) identisch, wenn man berücksichtigt, daß $V = PY/L$ ist.

(6) Unter Vernachlässigung eventueller entgegengerichteter Rückwirkungen des Zinsanstiegs auf die Investitionsausgaben.

Zweite Vorlesung

Heute möchte ich mich mit den drei anderen zu Beginn der vorigen Vorlesung erwähnten Aspekten beschäftigen, in denen sich das keynesianische Modell von dem üblichen Paradigma der neoklassischen Ökonomie unterscheidet.

Der erste betrifft die Mikroökonomie. Der wichtigste Unterschied zwischen der vor-keynesianischen und der keynesianischen Denkweise betrifft die Art und Weise, wie Impulse in der Wirtschaft übertragen werden. In der neoklassischen Gleichgewichtstheorie geschieht alles durch die Vermittlung der Preise. Über das Preissystem werden Ressourcen verschiedenen Verwendungen zugewiesen; durch Bewegungen der relativen Preise werden einzelne Märkte im Gleichgewicht gehalten und die Wirtschaftspläne von Individuen und Firmen (über die allein auf der Grundlage von Preisinformationen entschieden wird) konsistent gemacht. Aus dieser Sicht kann nur ein Preissignal die notwendige Anpassung an eine exogene Änderung - ein Anstieg der Nachfrage oder des Angebotes einer Ware - bewirken. Ressourcenallokation oder Ausgabenallokation reagieren auf Preissignale, die darum den tatsächlichen Änderungen der Verwendung von Ressourcen vorhergehen müssen.

In einem System unvollständigen oder monopolistischen Wettbewerbs, in dem Produzenten oder Verkäufer den Preis festsetzen, ist dies nicht so. Jede exogene Änderung, die das Gleichgewicht von Angebot und Nachfrage stört, führt zu Änderungen der produzierten oder ausgetauschten Mengen, mögen solche Mengenänderungen von Preisänderungen begleitet sein oder nicht. In beiden Fällen spielen die Preise eine rein passive Rolle: sie tragen nicht zur Anpassung von Produktion und Beschäftigung bei. Diese folgen direkt den Änderungen der Nachfrage.

So ist die Lage in einer modernen Industriegesellschaft beschaffen, in der die Verkäufer - ob Hersteller oder Ladenbesitzer - einem begrenzten Markt gegenüberstehen, d.h. einer begrenzten Nachfrage nach ihren Produkten, die nur bis zu einem bestimmten Punkt durch Preisvariationen beeinflußbar ist.

Ein solches Verhalten der 'Preissetzung' umfaßt den größten Teil moderner Volkswirtschaften (mit Ausnahme von landwirtschaftlichen Grunderzeugnissen, Rohstoffen und bestimmten Teilen des Arbeitsmarktes). Es erstreckt sich auf alle 'sekundären' oder verarbeitenden Aktivitäten und auch auf einen großen Teil der tertiären Aktivitäten, aber nicht, oder nur in begrenztem Maße, auf den primären Sektor.

Unter Bedingungen unvollständiger Konkurrenz - oligopolistisch oder polypolistisch - werden die Funktionen des Preismechanismus durch einen weit einfacheren Mechanismus, das sogenannte 'Lageranpassungs'-Prinzip, ersetzt oder zumindest ergänzt. Lager werden auf allen Stufen der Produktion und der Distribution gehalten. Die durch eine Nachfragesteigerung bewirkte Verringerung der Lager relativ zum Umsatz ist das Signal für die Produzenten, die Produktion zu steigern, um die Lager auf ihr normales Niveau aufzustocken. (In einigen Industrien, in denen die hergestellten Güter nicht standardisiert sind, sondern nach den individuellen Angaben der einzelnen Aufträge variieren, können Auftragsbücher die Rolle der Lagerbestände einnehmen.) Prof. Kornai hat in seinem Buch <u>Anti-Equilibrium</u> gezeigt, daß die Funktionsweise des 'Lageranpassungs'-Prinzips ein viel einfacheres 'Nervensystem' als das walrasianische System von Gleichungen darstellt, um Impulse durch den Wirtschaftskörper zu senden. Es ist in der Lage, unter den Bedingungen eines 'Überangebots' recht wirkungsvoll zu funktionieren - d.h. <u>so lange</u> es ausreichend ungenutzte Reserven an Produktionskapazitäten und Arbeit gibt. Die Größe des gehaltenen Lagers muß ausreichen, um Differenzen zwischen Zuwachs und Entnahme (oder Produktion und Konsum) für eine hinreichend lange Zeit auffangen zu können, so daß sichergestellt ist, daß sich Käuferwünsche ohne unangemessene Verzögerungen befriedigen lassen.

Keynes scheint die Bedeutung der unvollständigen Konkurrenz für seine Theorie nicht bewußt gewesen zu sein - er begnügte sich wie Marshall mit der Annahme, daß jeder Produzent seinen Gewinn maximiert, indem er den Marktpreis mit seinen Grenzkosten gleich-

setzt. Er ignorierte dabei die Tatsache, daß diese Bedingung
<u>Vollauslastung</u> der Kapazitäten der einzelnen Firmen voraussetzt
und daß ohne Überkapazitäten die Produktion durch das Angebot
begrenzt wird, gleichgültig, ob Vollbeschäftigung herrscht oder
nicht.

Damit die Produktion nachfragebestimmt ist, muß es sowohl Überkapazitäten als auch Arbeitslosigkeit geben; dies ist die Grundlage eines jeden Modells, in dem die Märkte nicht (im walrasianischen Sinn) geräumt werden und in dem es 'Überangebot' in dem Sinne gibt, daß die Verkäufer <u>weniger</u> als die Menge verkaufen, die ihre Gewinne bei dem herrschenden Preis maximieren würde.[1]

Es gibt starke empirische Belege dafür[2], daß sich die Produzenten bei der Preisfestsetzung an den Kosten orientieren (mit einer Gewinnspanne, die sicherstellt, daß die notwendige Kapitalverzinsung bei Normalauslastung der Kapazitäten erzielt wird). Es gibt aber auch Belege, die zeigen, daß dieses Verhalten unter Oligopolbedingungen nur auf den 'Preisführer' zutrifft, während die anderen Produzenten (die Preisanpasser) ihre Preise an dem des Preisführers orientieren müssen, den sie, unabhängig von ihrem eigenen Preisverhalten, als gegeben ansehen.

Wenn dies nicht so wäre, könnten die sehr großen Unterschiede zwischen den Gewinnen verschiedener Firmen desselben Industriezweigs nur schwer erklärt werden; der Gewinn der erfolgreichsten Firmen entspricht der Hälfte der Netto-Produktion (d.h. der Wertschöpfung) oder mehr, während die am wenigsten erfolgreichen Firmen nur knapp ihre Kosten decken oder Verluste machen. 'Vollkostenpreise' gelten nur für die führenden Firmen des Marktes, die für die anderen konkurrierenden Firmen die Preise setzen.

Dieser Typ oligopolistischen Preisverhaltens erklärt, weshalb Nachfrageänderungen ungefähr gleiche Veränderungen des Absatzes <u>aller</u> Firmen bewirken und sich diese nicht auf die am wenigsten effizienten oder 'marginalen' Unternehmungen konzentrieren (wie

Keynes in der 'General Theory' annahm). Vom Standpunkt der Käufer ist der Preis, der für die Produkte der mit hohen Kosten produzierenden Firma bezahlt werden muß, nicht höher als der für die Produkte der effizientesten Firma - die Unterschiede betreffen die Gewinne der Firmen, nicht die von den Käufern bezahlten Preise. Zusammen mit Produktdifferenzierung, Käuferbindung und anderen normalerweise mit unvollkommenen Märkten assoziierten Umständen, erklärt dies, wieso die effizientesten Firmen trotz steigender Erträge nicht in der Lage sind, ihren Marktanteil über ein bestimmtes Niveau zu erhöhen, und weshalb, trotz hoher Unterschiede zwischen den Unternehmungen in Produktivität und Kosten pro Produkteinheit (von 2:1 oder sogar 4:1) eine nachfrageinduzierte Änderung der Produktionshöhe tendenziell mit einer Änderung der Produktivität in _derselben_ Richtung und nicht in einer _entgegengesetzten_ Richtung verbunden ist.[3] Eine Nachfragesteigerung erhöht den Grad der Kapazitätsauslastung aller Firmen mehr oder weniger gleich und wird daher im ganzen Industriezweig von sinkenden Kosten pro Produkteinheit und über-proportional _steigenden_ Gewinnen begleitet. Es ist dieser Mechanismus, und nicht von den Gewerkschaften in die Höhe getriebene Löhne, der erklärt, warum im Fall sinkender Nachfrage, so wie wir es erlebt haben, die Gewinne überproportional fallen - es sei denn, die Nachfrage falle so stark, daß sich die durchschnittliche Produktivität und die Gewinne verbessern, weil die am wenigsten effizienten Firmen allesamt aus dem Geschäft gedrängt werden, (da sie Verluste erleiden, die sie nicht verkraften können). Die Marktbedingungen, die nötig sind, um der General Theory Gültigkeit zu verschaffen, schließen daher eine abnehmende Grenzproduktivität aus - ein Faktum, das die grundlegende Annahme unfreiwilliger Arbeitslosigkeit weit plausibler macht. Wie Jean de Largentaye[4] hervorgehoben hat, machte Keynes' Übernahme der klassischen Auffassung abnehmender Grenzproduktivität in der General Theory - er scheint seine Ansichten später geändert zu haben[5] - es seinen Kritikern möglich, "die Autorität der General Theory zugunsten von Anschauungen zu gebrauchen, die im direkten Gegensatz zu ihren essentiellen Lehren stehen".

Diese Bedingungen gelten allerdings nicht (oder nicht allgemein) für Grundstoffe, Agrarprodukte oder den Bergbau. Diese werden auf 'Flexpreis-Märkten' (um Hicks' Ausdruck zu gebrauchen) gehandelt, wo der Produzent zum herrschenden Preis soviel verkaufen kann, wie er zu produzieren vermag, wo aber die Preise selbst häufigen Wechseln und starken Schwankungen ausgesetzt sind. Die Preise der primären Güter (ohne öffentliche Preisstabilisierungsmaßnahmen) werden auf hoch organisierten Märkten ausgehandelt, auf denen Lager nicht von den Produzenten, sondern von den Kaufleuten (oder Händlern) gehalten werden, die sowohl Käufer als auch Verkäufer sind und ihren Gewinn aus der Spanne zwischen ihrem Einkaufspreis und ihrem Verkaufspreis ziehen. Es sind die Kaufleute, deren Tätigkeit einen 'geordneten Markt' gewährleistet. Dies können sie nur tun, wenn sie <u>gegen</u> den Markt handeln, anders ausgedrückt: wenn sie bereit sind, ihr Engagement bei fallenden Preisen zu steigern und bei steigenden Preisen zu verringern. Schon der Begriff des 'Handeltreibens' beinhaltet die Annahme, daß der Markt eine gewisse Nachfrageelastizität, Lager zu halten, aufweist; eine Elastizität, die in Grenzen denselben Effekt wie ein 'Pufferlager' hat - die normale Bereitschaft des Händlers, sowohl mit Käufern als auch mit Verkäufern zu handeln, sorgt automatisch für zusätzliches Angebot bei einer Übernachfrage und für zusätzliche Nachfrage bei einem Überangebot.

Nichtsdestoweniger kann, außer unter den Bedingungen eines grossen Einbruchs wie in den frühen 30er Jahren, nicht angenommen werden, das Angebot an Primärprodukten habe dieselbe Elastizität wie das an produzierten Gütern. Zusätzliche, durch eine Nachfragesteigerung erzeugte Produktion setzt nicht nur Arbeitslosigkeit und unausgelastete Anlagen, sondern auch eine relativ hohe Elastizität des Angebots an Rohstoffen voraus. Solange dies nicht durch übergroße Lagerbestände erzielt wird (wie sie von den Regierungen der produzierenden Länder in den 30er Jahren und nach dem Krieg aufgebaut wurden, um die Produzenten zu schützen), können weltweit die Industriesektoren in ihrer Expansion durch ein zu geringes Angebot an Rohstoffen behindert werden. Dies heißt langfristig und für die Welt als Ganze, daß das Wachstum des Rohstoffangebots ein bestimmender Faktor für das Wachstum der weltweiten industriellen Produktion und der Beschäftigung sein kann.

Sowohl in der Zwischen- als auch in der Nachkriegszeit, auf jeden Fall bis in die späten 60er Jahre, konnte der Zuwachs der primären Produktion mit der Nachfrage aus dem industriellen Sektor <u>mehr</u> als mithalten, und das Preisniveau der primären Produkte blieb, in Dollars ausgedrückt, nach 1953 konstant (obwohl die Preise <u>einzelner</u> Waren stark schwankten). In den frühen 70er Jahren verschwanden die Getreidereserven jedoch, die in den 50er und 60er Jahren angesammelt worden waren, und, als Antwort auf die Nachfrage der Russen und Chinesen auf dem Weltmarkt, schossen die Nahrungsmittelpreise in die Höhe, gefolgt von den Preisen für Metalle. Die Nachfrage nach den letzteren kann durch spekulative Lagerinvestitionen angeschwollen sein, die von Inflationserwartungen hervorgerufen wurden, die infolge der <u>formellen</u> Abschaffung der Konvertierbarkeit des Dollars in Gold 1971 entstanden waren. Dies alles geschah vor der durch die Bildung des OPEC-Kartells Ende 1973 verursachten Ölpreisexplosion.

Das Ergebnis war sowohl eine weltweit stark beschleunigte Inflation, als auch ein verringertes Wachstum der industriellen Weltproduktion und Produktivität. Diese Ereignisse haben gezeigt, daß die keynesianischen Methoden der Nachfragesteuerung nicht ausreichen, um Vollbeschäftigung und Stabilität zu erhalten, wenn die zwei großen komplementären Sektoren der Weltwirtschaft, der primäre und der sekundäre Sektor, nicht im Einklang wachsen. Keynes wäre der erste gewesen, der dies zugegeben hätte, daher seine Empfehlung, sowohl vor als auch nach dem Krieg, internationale Pufferlager aufzubauen, um die Preise der Primärprodukte zu stabilisieren und im primären Sektor zugleich die Risiken zu verringern und die Investitionen anzuregen.[6]

Dies bringt mich zu dem dritten Aspekt, unter dem die <u>General Theory</u> unzureichend war - ihr Versagen, die Probleme des inter-

nationalen und interregionalen Handels zu berücksichtigen. Auf
dem Abstraktionsniveau, auf dem das Buch geschrieben war, nahm
Keynes implizit eine geschlossene Volkswirtschaft an, in der es
nur industrielle Unternehmen gab, deren finanzielle Ressourcen
(oder Kreditmöglichkeiten) ihre geplanten Kapitalausgaben überstiegen - anderenfalls hätte er Investitionsentscheidungen nicht
als die hauptsächliche, nur von langfristigen Erwartungen abhängige, autonome Komponente der Nachfrage behandeln können. Das
Ergebnis dieser Vernachlässigung war eine Tendenz, die Exporte
als <u>Hauptursache</u> autonomer Nachfrage zu ignorieren; die volkswirtschaftlichen Steuerungsmethoden wurden darauf ausgerichtet,
den inländischen Nachfragedruck auf einen Stand einzuregulieren,
der genügend Ressourcen für Exporte übrig ließ, die man nur als
ein Mittel ansah, um Importe zu bezahlen. In den Jahren unmittelbar nach dem Krieg, als die ausländische Nachfrage nach britischen Gütern das Angebot weit übertraf, erschien diese Politik
angemessen, und sie sicherte <u>tatsächlich</u> ein starkes Wachstum
der Exporte in den Jahren bis 1951. Aber von da an änderte sich
das Bild dramatisch - die Exporte stiegen sehr langsam - 1951-2
fielen sie sogar und stiegen danach um 2-5 Prozent pro Jahr gegenüber mehr als 15 Prozent jährlich von 1946 bis 1950. In ziemlich regelmäßigen Abschnitten geriet Großbritannien in Zahlungsbilanzschwierigkeiten, und zwar immer, wenn übermäßige Importe
- die anfingen stärker zu wachsen als die gesamten Inlandseinkommen und als die Exporte - die Einführung deflatorischer Maßnahmen notwendig machten, um den Wechselkurs zu stützen.

Selbst dann wurde die Schlüsselrolle der Exporte als 'von ausserhalb der Volkswirtschaft kommende Nachfrage' für die Erweiterung gewinnbringender Investitionsmöglichkeiten und für das
Wachstum der industriellen Kapazität und der Arbeitsproduktivität nicht erkannt - obgleich die relativen Wachstumserfolge der
Länder, denen es gelang, ein starkes Wachstum der Exporte sicherzustellen (zum Beispiel Deutschland, Japan, Italien oder
Schweden), gegen Ende der 50er Jahre offen zutage traten.

Obwohl Harrod in einem kurzen einführenden Lehrbuch[7] drei Jahre vor dem Erscheinen der General Theory eine revolutionäre neue Erklärung dafür publizierte, wie unter den Bedingungen des Goldstandards[8] die Zahlungsbilanz im Gleichgewicht gehalten wurde, fand seine Theorie des 'Außenhandelsmultiplikators' (wie sie später genannt wurde) nur begrenzt Beachtung[9] und verschwand nach dem Erscheinen der General Theory als konkurrierender Ansatz, der das Unvermögen, die Vollauslastung der Ressourcen zu gewährleisten, hätte erklären können. Harrods Theorie war eine einfache Anwendung des Kahnschen Multiplikators mit den Exporten als exogener Variable und den Importen als einer Funktion des Einkommens - nach der (ich zitiere) "das gesamte Einkommen als Ergebnis eines Rückgangs der Exporte so weit verringert wird, bis die Ausgaben für die Importe sich um denselben Betrag vermindert haben, wie die Exporte."[10] Die historischen Umstände einer weltweiten Depression bewirkten, daß Keynes' Theorie, die das ganze Gewicht auf unzureichende Investitionen im Vergleich zur Sparneigung legte, alle anderen Erklärungsansätze verdrängte.

Die allgemeinen Tatsachen der britischen Wirtschaftsgeschichte stützten Harrod jedoch mehr als Keynes - obwohl dies erst einige Jahre später als Ergebnis der Forschungen[11] von Beveridge bekannt wurde. Wie zahlreiche Studien seitdem belegt haben[12], gingen in Großbritannien regelmäßig Veränderungen der Exporte Veränderungen der Investitionshöhe in der verarbeitenden Industrie um zwei bis drei Jahre voraus. Anders ausgedrückt: Der Konjunkturzyklus in Großbritannien spiegelte die Schwankungen der Exportnachfrage wider - er wurde selbst in der historischen Periode, in der Großbritannien bei weitem die größte Industrienation der Welt war, von außen importiert. Die Wachstumsrate der Produktionskapazität folgte den Schwankungen des Exportvolumens.

Investitionen waren daher, jedenfalls zum Teil, kein wirklich autonomer Faktor; sie wurden durch Schwankungen der Exportnachfrage induziert. Es ist von erheblicher Bedeutung, zu wissen, ob Großbritanniens chronisches Arbeitslosenproblem eine Konsequenz der unbefriedigenden Außenhandelsergebnisse war oder ob zu hohes Sparen im Vergleich zu den spontanen Investitionen der

Grund war. Denn es kann auf der Basis des Harrodschen Außenhandelsmultiplikators gezeigt werden, daß Arbeitslosigkeit durch den potentiellen Überschuß der Importe bei Vollbeschäftigung über die Exporte 'erklärt' werden kann.[13] Die keynesianischen Methoden der Nachfragesteuerung können Vollbeschäftigung herstellen, indem die zusätzlichen Exporte, die nötig wären, um Vollbeschäftigung zu garantieren, durch kreditfinanzierte Staatsausgaben ersetzt werden; sie können dies aber nur um den Preis einer Erhöhung der Importe über das Niveau der Exporte, d.h. der Erzeugung einer passiven Handelsbilanz, tun.

Die Bedeutung der Harrodschen Beziehung der Export/Import-Neigung für industrielle Länder besteht darin, daß sie bestimmt, wie schnell der Output des verarbeitenden Sektors, sowohl absolut als auch relativ zum gesamten Bruttoinlandsprodukt, wachsen wird. Wegen der Bedeutung der Größendegression oder der steigenden Skalenerträge in der verarbeitenden Industrie, sowohl statischer als auch dynamischer Art, bringt die Eroberung eines wachsenden Weltmarktanteils an produzierten Gütern kumulative Vorteile für die 'starken' und kumulative Nachteile für die 'schwachen' Volkswirtschaften (deren Marktanteil entsprechend sinkt) mit sich. Diese Art von Problem - dasjenige langsamen Wachstums - konnte eine Nachfragesteuerungspolitik, die sich darauf konzentrierte (wie es die britische Nachkriegspolitik versuchte), eine bestimmte Wachstumsrate der _Inlandsnachfrage_ sicherzustellen, nicht angemessen behandeln.[14]

Die wichtigste Einschränkung der Keynesschen Analyse in der _General Theory_ lag daher darin, daß sie die Bedeutung zunehmender Erträge in der verarbeitenden Industrie und die Bedeutung der Sicherung der Vollbeschäftigung durch exportgesteuertes Wachstum, im Gegensatz zu konsumgesteuertem Wachstum, nicht anerkannte. Die Beachtung dieser Punkte hätte auch bedeutet, daß das Hauptziel staatlicher Wirtschaftssteuerung nicht die Aufrechterhaltung eines konstanten inländischen Nachfragedrucks mit finanz- und geldpolitischen Mitteln gewesen wäre, sondern die Beeinflussung des Verhältnisses der Export- zur Importneigung entweder durch indirekte Maßnahmen, wie Exportsubventionen und/oder Importsteuern, oder durch staatliche Interventionen, um die Entwicklung von Industrien mit hohem Exportpotential zu ermutigen (wie es in Japan und auch im Nachkriegs-Frankreich geschah).

Dies bringt mich zu der vierten Unzulänglichkeit der Keynesschen Analyse, die ich zuvor erwähnt habe. Aus der Tatsache steigender Skalenerträge (im Gegensatz zur neoklassischen Annahme durchweg konstanter Skalenerträge) folgt, daß das Postulat eines eindeutig bestimmten und bei Vollbeschäftigung zu erreichenden Produktionspotentials sowie eines bestimmten erreichten 'natürlichen' Wachstumspotentials, das durch die Zuwachsrate von Arbeit, Kapital und technischem Fortschritt exogen gegeben wäre, unzulässig ist. 'Langfristig' - das heißt die Wirtschaft über einen Zeitraum und nicht zu einem Zeitpunkt betrachtend - impliziert die bloße Existenz von 'Vollbeschäftigung' nicht, daß die Produktion angebotsbegrenzt wäre, weil es bis auf wenige Ausnahmen immer versteckte Arbeitsreserven in der Landwirtschaft und im Dienstleistungsbereich gibt, die mobilisiert werden könnten, wenn dies nötig sein sollte, um die Exportnachfrage zu befriedigen.

Weiterhin kann das 'potentielle' Produktionswachstum eines willkürlich definierten Bereichs der Erdkugel - mag dies ein durch politische Grenzen beschriebenes 'Land', eine Region (wie Wales oder Schottland) oder eine Gemeinschaft von Ländern (wie die EG) sein - nicht als exogen gegeben angesehen werden, weil Knappheit an Arbeitskräften und Kapital einen Zufluß von Ressourcen, sowohl von Arbeit als auch von Investitionsmitteln, bewirken würde. So ergänzte Westdeutschland während des Booms nach dem zweiten Weltkrieg, um der zusätzlichen Nachfrage nach Arbeitskräften gerecht zu werden, sein Arbeitskräftepotential durch italienische, spanische, griechische und türkische 'Gastarbeiter', nachdem die vielen Millionen aus anderen Gebieten, wie dem Sudetenland oder Ostpreußen absorbiert waren. Das deutsche Beispiel wurde von den meisten anderen erfolgreichen westeuropäischen Exportnationen, einschließlich kleiner Länder, wie Österreich, die Schweiz, Holland und Schweden, kopiert. Ebenso war das Wachstum des 'Realkapitals' (im Sinn von Kapitalausstattung aller Art) nicht exogen durch psychologische Neigungen bestimmt, wie die zwischen Konsum und Sparen. Wenn ein schnelleres Wachstum der Nachfrage die Verwendung eines größeren Anteils der Ressourcen zur Kapitalakkumulation nötig machte, geschah dies automatisch durch einen höheren Anteil der Gewinne am Gesamteinkommen, die reinvestiert wurden und so zur Finanzierung beitrugen. Das Wachstum der Realeinkommen war somit nicht durch das Wachstum des 'Faktorangebots' bestimmt, da höhere Wachstumsraten der Produktion auf Grund der steigenden Skalenerträge stets mit höheren Wachstumsraten der Produktivität gekoppelt waren; dieses 'Verdoorn Gesetz' kam einer höheren Wachstumsrate des Arbeitskräfteangebots gleich und beinhaltete gleichermaßen höhere Kapitalakkumulationsraten.

Aus all dem folgt, daß, außer in dem trivialen Sinn, wonach alles, was heute existiert, von gestern stammt, eine exogene 'Ressourcenausstattung' und ihre natürliche Wachstumsrate kein sicheres Fundament abgeben kann. All diese Vorstellungen entspringen Annahmen, wie der linear-homogener Produktionsfunktionen, der Existenz vollkommener Konkurrenz und sich laufend selbst räumender Märkte, wo Preise durch einen göttlich allwissenden Auktionator ausgehandelt werden, der das allgemeine Gleichgewichtssystem der Preise für jetzt und alle Zeiten entdeckt, <u>bevor</u> irgendeine Transaktion getätigt wurde. All diese Eigenschaften der neoklassischen Theorie haben nichts mit der realen Welt zu tun, sondern sind das Produkt der fieberhaften Einbildung mathematischer Ökonomen, die sie erfanden, um die Gewinnmaximierung der einzelnen Firma mit vollkommener Konkurrenz auf vollkommenen Märkten vereinbaren zu können. Dennoch basieren wirtschaftspolitische Strategien auf Modellen der Volkswirtschaft, die auf solchen Annahmen aufbauen, mit weitreichenden Konsequenzen für die tatsächliche Entwicklung der Welt. Wenn sich zum Beispiel eine keynesianische Nachfragesteuerungspolitik an einer ökonometrisch berechneten potentiellen Wachstumsrate der Volkswirtschaft orientiert, werden keynesianische fiskal- und geldpolitische Maßnahmen, wenn sie erfolgreich sind, die errechnete Wachstumsrate zu der tatsächlichen werden lassen und damit das Vertrauen in das ökonometrische Modell bestätigen - ohne daß man sich dessen bewußt ist, daß eine anders berechnete Wachstumsrate auch in dieser Weise hätte 'bestätigt' werden können.

Trotz dieser Einschränkungen finde ich, daß Keynes' makroökonomisches Modell einen enormen Fortschritt gegenüber dem vorangehenden Stand der Diskussion darstellte und daß es einen wichtigen Beitrag zu der langen Periode der Vollbeschäftigung und ununterbrochenen technologischen Entwicklung in den kapitalistischen Ländern geleistet hat, die nach dem zweiten Weltkrieg zwanzig Jahre oder länger andauerte. Aber der Glaube, eine auf privatem Unternehmertum aufbauende Wirtschaft bedürfe außer fiskal- und geldpolitischer Maßnahmen, die nötig sind, um die effektive Nachfrage auf dem richtigen Niveau zu halten, keiner zentralen Leitung, hat sich aus mehreren Gründen als unzureichend erwiesen. Ein Grund war, daß den starken Ungleichgewichtskräften, den positiven und negativen Rückkopplungen, keine Rechnung getragen wurde, die sich aus dem Zusammenwirken von Wettbewerb und steigenden Erträgen ergeben und die eine Politik positiver Leitung durch den Staat notwendig machen, um sicherzustellen, daß die Entwicklung in den vorteilhaftesten Bahnen verläuft.

Der zweite und weit allgemeiner akzeptierte Grund war, daß die keynesianische Fiskal- und Geldpolitik keine Lösungen des Problems endemischer Inflationstendenzen in oligopolistischen Volkswirtschaften mit starken Gewerkschaften anbieten konnte. Es gibt viele Hinweise, daß Keynes sich während des Krieges der Ernsthaftigkeit dieses Problems bewußt wurde. Seine Suche nach einer praktikablen Abhilfe blieb jedoch erfolglos. Im keynesianischen Modell hängt das Preisniveau einer Industriegesellschaft - in einer geschlossenen Volkswirtschaft oder in einem System flexibler Wechselkurse - von dem Niveau des Leistungslohns, also der Lohnsätze, dividiert durch das reale Produkt pro Arbeiter, ab, wobei die eine Komponente, das Niveau der Geldlohnsätze, zu jeder Zeit als exogen vorgegeben, als Erbe der Vergangenheit behandelt wird. In dem Modell ist jedoch die Rate der Veränderung der Geldlöhne relativ zu der Rate der Veränderung der Produktivität durch nichts bestimmt, und es ist die allgemeine Erfahrung der kapitalistischen Länder in diesem halben Jahrhundert gewesen, daß die erste immer höher als die zweite ist, obwohl die Lücke zwischen beiden sich gewöhnlich in einigen Ländern als größer herausstellt als in anderen. Es erschien von Anfang an wahrscheinlich, daß die lohninduzierte Inflation in Boomperioden mit schnell steigenden Gewinnen und hohem Beschäftigungsniveau sehr viel ernster sein und eine stärkere Beschleunigungstendenz zeigen würde als in einer Flaute mit niedrigen Gewinnen und hoher Arbeitslosigkeit. Dies machte es wahrscheinlich, daß eine keynesianische Politik wirtschaftlicher Steuerung selbst einen Konjunkturzyklus erzeugen müßte - Kalecki's berühmter 'politischer Konjunkturzyklus' -, je nachdem wechselnd, ob Inflation oder Arbeitslosigkeit im Bewußtsein der Leute größere Sorge bereitet. Dieser politische Konjunkturzyklus dürfte jedoch eine sehr viel längere Periode haben als die Konjunkturzyklen der Vergangenheit. Dies könnte eine mögliche Erklärung der offensichtlichen Dominanz des Kondratieff-Zyklus in unserem Jahrhundert sein. (Aber das muß Gegenstand eines anderen Vortrags sein).

Anmerkungen

(1) Unter den Bedingungen oligopolistischer Konkurrenz sind die Produzenten bestrebt, größere Kapazitäten aufrechtzuerhalten, als sie voraussichtlich benötigen werden - zum Teil, um immer in der Lage zu sein, 'neue Kunden' zufriedenzustellen und damit eine Chance zur Erhöhung ihres Marktanteils auszunützen, aber zum Teil auch, um neue Wettbewerber davon abzuschrecken, in den Markt einzutreten (vgl. z. B. die berühmte Entscheidung von Richter Learned Hand in den Vereinigten Staaten im Anti-trust Prozeß U.S.A. gegen Aluminium Company of America).

(2) Vgl. Coutts, Godley und Nordhaus, <u>Industrial Pricing in the United Kingdom</u>, Cambridge University Press, 1978.

(3) Vgl. Neild, R.R., <u>Pricing and Employment in the Trade Cycle</u>, Cambridge University Press, 1963.

(4) Einführung zur zweiten französischen Ausgabe der <u>General Theory</u>, englische Übersetzung im Journal of <u>Post-Keynesian Economics</u>, Frühjahr 1979.

(5) In seinem Artikel über die relativen Bewegungen der Reallöhne und des Outputs, <u>Economic Journal</u>, März 1939.

(6) Vgl. Keynes' Artikel: The Policy of Government Storage of Foodstuffs and Raw Materials, <u>Economic Journal</u>, September 1938.

(7) Vgl. Harrod, R.F.: <u>International Economics</u>, Cambridge Economic Handbooks, 1933, Kap. VI, S. 104-20.

(8) Streng genommen unterstellt die Theorie feste <u>reale</u> Terms of Trade oder einen festen <u>realen</u> Wechselkurs und nicht nur den Goldstandard.

(9) Außer durch wenige Ökonomen, die interessierte, wie der Goldstandard im 19ten Jahrhundert funktionierte, wie zum Beispiel P. Barrett Whale (vgl. seinen Artikel in Economica, 1937).

(10) A.a.O., S. 111.

(11) In Full Employment in a free Society, 1943, Anhang A (in Zusammenarbeit mit Harold Wilson entstanden).

(12) Vgl. z.B. A.G. Ford: British Economic Fluctuations 1870-1914, The Manchester School, Juni 1969; R.S. Sayers: The Vicissitudes of an Export Economy: Britain since 1880, Sydney 1965; A History of Economic Change in England, 1880-1914, Oxford, 1965, Kap. 2 und 3.

(13) Angenommen, die Exporte entsprächen 20 Prozent der Produktion bei Vollbeschäftigung, aber 30 Prozent des (Grenz- und Durchschnitts-) Einkommens würden für Importe ausgegeben, dann wird sich die tatsächliche Produktion bei zwei Dritteln der Produktion bei 'Vollbeschäftigung' einregulieren, weil bei diesem Niveau Importe und Exporte beide gleich 30 Prozent der Produktion sein werden.

(14) A.P. Thirlwall hat gezeigt (The Balance of Payments Constraint as an Explanation of International Growth Rate Differences, Banca Nazionale del Lavoro Quarterly Review, März 1979), daß die 'dynamische' Harrod-Formel (die aussagt, daß die Wachstumsrate des Bruttoinlandsprodukts eines jeden Landes gleich der Wachstumsrate des Exportvolumens dividiert durch die Einkommenselastizität der Importe ist) die tatsächlich erreichten Wachstumsraten verschiedener Industrieländer erstaunlich genau vorhersagen kann, und deshalb einen großen Teil der Unterschiede der Wachstumsraten verschiedener Länder seit dem Krieg erklärt (die einzige Ausnahme ist Japan, für das die Formel sogar noch höhere Wachstumsraten vorhersagt, als tatsächlich erreicht

wurden). Großbritannien litt seit dem letzten Viertel des 19ten Jahrhunderts kontinuierlich unter einer geringen Wachstumsrate der Exporte (hauptsächlich auf Grund der Industrialisierung anderer Länder); das industrielle Wachstum wurde außerdem durch ein wachsendes Eindringen ausländischer Produkte in den britischen Markt niedrig gehalten, das nur einmal in den 25 Jahren von 1932 bis 1957 durch die Einführung erst von Schutzzöllen, dann von quantitativen Importkontrollen unterbrochen wurde. 1899 erreichte der Importanteil des gesamten Angebots an produzierten Gütern (einschließlich heimischer Absorption und Exporte) 16 Prozent. Diese Zahl wurde 1913 und 1923 nur geringfügig überschritten; 1937 reduzierte sich das Verhältnis auf 10 Prozent und 1955 auf 5 Prozent, aber ab 1957 begann es wieder zu steigen. 1980 überstieg es 25 Prozent (historische Angaben finden sich in Maizels: Growth and Trade, Cambridge University Press, 1970, Tabelle 6.4).

Wirtschaftspolitische Studien

Der Keynesianismus IV

Die beschäftigungspolitische Diskussion in der Wachstumsepoche der Bundesrepublik Deutschland
Dokumente und Analysen

Herausgeber: **G. Bombach, K.-B. Netzband, H.-J. Ramser, M. Timmermann**

1983. IX, 409 Seiten. DM 98,-. ISBN 3-540-11377-0

Inhaltsübersicht: Einleitung. – Wirtschaftswissenschaft und Wirtschaftspolitik: Zur Abgrenzung. Lehrstuhlwissenschaft. Beratergremien. Dokumente. – Wirtschaftspolitische Strategien von Parteien, Gewerkschaften und Verbänden: Zur ordnungspolitischen Diskussion 1945–1949. Wirtschaftspolitische Strategien der Parteien. Wirtschaftspolitische Strategien der Unternehmer. Wirtschaftspolitische Strategien des Deutschen Gewerkschaftsbundes (DGB). – Zur stabilitätspolitischen Konzeption von Bundesregierung und Bundesbank: Die Ausgangslage der Wirtschaftspolitik. Konjunkturpolitik von 1949–1963. Stabilitätspolitik durch Globalsteuerung von 1964–1973. Internationale Instabilitäten und strukturelle Probleme der Beschäftigungspolitik 1974–1977. Dokumentation. Namenregister.

Im vorliegenden Band wird Keynesianismus als Konjunktur-, Stabilitäts-, Einkommenstheorie und -politik verstanden. Hierzu werden die Positionen der Wirtschaftswissenschaft einschließlich der wirtschaftswissenschaftlichen Politikberatung in der Bundesrepublik Deutschland, der Parteien, Gewerkschaften und Verbände sowie der Bundesregierung und der Bundesbank anhand ausgewählter Dokumente dargestellt und analysiert. Dabei wird gezeigt, wie sich im Anschluß an die Diskussion um den Wiederaufbau nach Kriegsende und die ordnungspolitische Diskussion im Rahmen der Einführung der Sozialen Marktwirtschaft keynesianisches Gedankengut zur herrschenden Lehre in der Wirtschaftswissenschaft entwickelt, ausstrahlt auf die wirtschaftspolitische Diskussion in Parteien, Gewerkschaften und Verbänden und in die wirtschaftspolitische Praxis in Form der Globalsteuerung umgesetzt wird. Nach seiner Blütezeit in der zweiten Hälfte der sechziger Jahre scheint der Keynesianismus gegen Ende der Berichtsperiode 1976 seinen Kumulationspunkt erreicht zu haben.

Ebenfalls lieferbar:

Der Keynesianismus I

Theorie und Praxis keynesianischer Wirtschaftspolitik
Entwicklung und Stand der Diskussion

Herausgeber: **G. Bombach, H.-J. Ramser, M. Timmermann, W. Wittmann**

Nachdruck. 1981. VIII, 296 Seiten. DM 45,-. ISBN 3-540-07910-6

Der Keynesianismus II

Die beschäftigungspolitische Diskussion vor Keynes in Deutschland
Dokumente und Kommentare

Herausgeber: **G. Bombach, H.-J. Ramser, M. Timmermann, W. Wittmann**

1976. VI, 331 Seiten. DM 47,-. ISBN 3-540-07770-7

Der Keynesianismus III

Die geld- und beschäftigungstheoretische Diskussion in Deutschland zur Zeit von Keynes
Dokumente und Analysen

Herausgeber: **G. Bombach, K.-B. Netzband, H.-J. Ramser, M. Timmermann**

1981. XII, 469 Seiten. DM 92,-. ISBN 3-540-10679-0

Springer-Verlag
Berlin
Heidelberg
New York
Tokyo

Economics from Springer-Verlag

Philosophy of Economics
Proceedings Munich, July, 1981
Editors: **W. Stegmüller, W. Balzer, W. Spohn**
1982. VIII, 306 pages. DM 48,-.
ISBN 3-540-11927-2

Studies in Contemporary Economics, Volume 2

This book attends to foundational and methodological questions in economic theory, i.e. in the fields of exchange theories, Marxian theory of value, and decision theory, which are of interest both to the economist and to the philosopher of science. One major goal consists in the application of the "structuralist view" to these fields, which has emerged as one of the most powerful tools of a philosophy of science concerned with logical reconstructions of scientific theories.

W. Kraus
Economic Development and Social Change in the People's Republic of China
Translated from the German by E. M. Holz
1982. 6 figures, 72 tables. XIX, 432 pages
Cloth DM 118,-. ISBN 3-540-90697-5

This book examines Chinese development policy between 1949 and 1981 as both a general complex and in the individual essential sectors. It covers social policy and internal politics affecting development and economic policy, ranging from education, health, demography, mass movements and organizations, line-struggles, purges, budget investments, and economic organization in the economic sectors of agriculture, industry, commerce, and transportation. The purpose of the book is to elucidate the interactions of these policies in the different phases of general development. In addition, it presents comprehensive statistical data for this period in an appendix.

Compilation of Input-Output Tables
Proceedings of a Session of the 17th General Conference of the International Association for Research in Income and Wealth, Gouvieux, France,
August 16–22, 1981
Editor: **J. V. Skolka**
1982. VII, 307 pages. DM 48,-. ISBN 3-540-11553-6

Lecture Notes in Economics and Mathematical Systems, Volume 203

The book contains detailed informtion on the compilation of input-output tables in a nubmer of countries. The main topics include the integration of systems of input-output statistics into national accounts staitstics, the storage and processing of these large amounts of data in computers, and the solution of important methodological problems of input-output statistics.

W. Gebauer
Realzins, Inflation und Kapitalzins: Eine Neuinterpretation des Fisher-Theorems
1982. XVI, 261 Seiten. DM 48,-.
ISBN 3-540-11839-X

Studies in Contemporary Economics, Volume 1

Die vorliegende Arbeit versucht, die Vielfalt der theoretisch-analytischen und empririsch-praktischen Anwendung und Interpretation des Fisher-Theorems zusammenhängend darzustellen und zu beurteilen, teilweise ergänzt durch Vorschläge für eine genauere und vertiefte Anwendung des Theorems. Aus einem „Zurück zu den Quellen" resultiert eine Neuinterpretation des Theorems, die letztlich zu der Notwendigkeit einer gesamtwirtschaftlichen Analyse des Fisher-Theorems führt.

Springer-Verlag Berlin Heidelberg New York Tokyo